曹操

李飞 著

天津出版传媒集团

天津人民出版社

图书在版编目（CIP）数据

曹操 / 李飞著 . —天津：天津人民出版社，
2020.6
ISBN 978-7-201-15970-6

Ⅰ.①曹… Ⅱ.①李… Ⅲ.①传记文学—中国—当代
Ⅳ.① I25

中国版本图书馆 CIP 数据核字（2020）第 073146 号

曹操
CAOCAO

出　　版	天津人民出版社	
出 版 人	刘　庆	
地　　址	天津市和平区西康路35号康岳大厦	
邮　　编	300051	
邮购电话	（022）23332469	
网　　址	http://www. tjrmcbs. com	
电子信箱	reader@tjrmcbs.com	

责任编辑　刘子伯
装帧设计　一个人·设计

印　　刷	北京溢漾印刷有限公司	
经　　销	新华书店	
开　　本	710mm×1000mm　1/16	
印　　张	15	
字　　数	180千字	
版次印次	2020年6月第1版　2020年6月第1次印刷	
定　　价	48.00元	

前　言

　　中华上下五千年，曹操一直以"奸雄"之名留于世间。所谓君子与小人重叠、英雄与奸雄兼具、正派与反派共生于一身的权臣，便是魏公莫属。

　　战乱频繁、群雄并起、生灵涂炭、社会凋敝……曹操就生活在这样的乱世之中。年少时的他，时常会指天问地，这世间为何会是这般景象。他反对官僚主义，反对贪污腐败，反对一切恶势力。他的心中充满了正义的火光，心中早已立下匡扶天下的理想抱负。他奋起读书，精通武艺，成了脱颖而出的青年才俊，却不满世俗的束缚，常常惹得一身骂名。

　　青年时的他，早早地显露出了他过人的理政才能，推己及人，为百姓着想。他恪忠职守，为官清廉，压制豪强，棒杀权贵，罢免贪官，整饬社会风俗，使百姓安居乐业，教百姓屯田种地，在乱世年代，能让自己所管辖之地的百姓都吃饱穿暖，造福当地，留下了好名声。

　　为正义起兵，讨伐董卓之徒，天下英雄响应。建安二年，他凭借"挟天子以令诸侯"的优势，与各方群雄争霸，逐步统一北方，先后攻打陶谦、收服张绣、擒杀吕布、征讨刘表、平定辽东、离间马超、收降张鲁、打败袁绍、追剿刘备、南征孙权。三十年间，他率领的军队最团结，最有纪律，常举胜利之旗凯旋。他东讨西伐、南征北战、指挥战役五十

1

余次，虽赤壁之战惨败，但最终完成统一北方的大业，与刘备、孙权三分天下。

他广纳贤人，心胸豁达，严明军纪，善于驾驭兵将，懂管理，懂政治。他对军事兵法烂熟于胸，一生戎马驰骋，可谓是一代枭雄的精彩一生。他对战争规律、战术的精髓有着独到的见解，深谙"得人心者得天下"的理念，行军打仗，以身作则，身边聚集了一大批精英谋士，为他的胜利统一增添了力量，如虎添翼。

不仅如此，他自少年起博览群书，熟读典故，在文学方面颇有建树。他所创作诗篇特立独行，转换视角，用一个新的视角去看待这个世界，形成了一种别具一格的"建安文学"的文风。

正如他所创作《龟虽寿》："神龟虽寿，犹有竟时；腾蛇乘雾，终为土灰。老骥伏枥，志在千里；烈士暮年，壮心不已。"更是开辟了一个诗歌的时代。当年汉武帝罢黜百家，独尊儒术，让汉代人的思想禁锢了三四百年。反倒是一世之雄，经常离经叛道的曹操给文坛带来了一股自由活跃的风气，让那些只会歌功颂德的大赋和注释儒家经书黯然失色。东汉末年，天下三分，政治思想文化都在发生着改变，而这样的诗篇也让大家感觉到，这种真正有感情的、有个性的文章才值得去欣赏。正是曹操这样的慷慨激昂，这样的别具一格，使他身边聚集了很多才智之士，在战乱纷飞的时代，帮助曹操共同打下了天下。

在那个群雄并起的时代，他坦诚交友，宽以待人，虽有奸诈诡谲的一面，但也有衷心表白的一面。他善于驾驭将士，纵使自己处于劣势，他也要让将士奋起，杀出一条血路来！他善于谋划战略，纵使自己处于困境，他也要抓住机遇扭转乾坤！他善于治国安民，纵使百姓处于乱世，他也要重农业重教育，让百姓过上好日子，让士兵吃饱穿暖。虽然战争的纷乱与他崇高的理想相差甚远，虽然他为了一些目的不择手段，但最终，他在攻打一座城池之后，没有对百姓进行残害，反而帮助他们安居乐业，从这一点上来看，他确实是一位治国的好明主。

然而，他的狡诈诡谲也是我们不可忽视的人格特征。他疑心重，冤杀他人，让他的朋友敬而远之。他妒心重，想方设法地除掉了对他产生威胁的谋士。他心狠手辣，因华佗要治疗他的头痛病而杀掉华佗。从这一点上来看，他的确存在一些奸诈的小人之行为。

这本书详细描述了曹操一生的戎马生涯和治理天下的精明思想，主要针对他的政治思想、军事思路、人物性格、品德素质等多个维度展开，用清晰精准又富有新意的讲述方式，力争还原历史原本的面目，使我们能够客观地感受曹操这个人物。希望读者能够通过本书感受他的人生，体会他谋策群雄的智慧和雄霸天下的野心。

目　录

第一章

桀骜游侠，年少志远才智高

第二章

小试牛刀，金光闪闪显威名

第三章

乱世操兵，智勇双全破局势

第四章

高举义旗，讨伐董卓拥军天下

第五章
逐鹿中原，奉迎天子令诸侯

第六章
曹袁对峙，大败袁绍平定中原

第七章
赤壁之战，雄踞北方三分天下

第八章
革新弊政，强兴经济谋发展

第九章
铁腕治军，管理强者奇致胜

第十章

亦正亦邪，双重性格成就霸业

第十一章

英雄一世，千古功过各分说

第一章
桀骜游侠，年少志远才智高

家本优渥，达官显贵代代传

建康元年（公元 144 年），汉顺帝驾崩，刚满两岁的儿子汉冲帝即位。永嘉元年（公元 145 年），继位不到半年的汉冲帝夭折。短短不到一年的时间，两位皇帝先后去世，这让朝廷出现了前所未有的慌乱。当时，大臣们都认为不该由年纪幼小的皇子继承，而为了江山社稷考虑，该立一位年纪稍长有德行的宗室当皇帝。

清河王刘蒜认为，应该立德高望重的年长者为皇帝，而外戚大将军梁冀却为了能继续掌握实权，立了渤海孝王刘鸿八岁的儿子刘缵为皇帝，史称"汉质帝"。

曹操的祖父曹腾是当时有名的宦官，字季兴，沛国谯县人，祖籍江苏。曹腾是西汉相国曹参的后代。他早年入宫，经历了安帝、顺帝、冲帝、质帝和桓帝五个帝王，历侍四位帝王，共历时三十多个年头。

曹腾最开始进宫时，任黄门从官。后来顺帝当太子，邓太后下诏让黄门从宫中挑选年龄小且听话懂事，办事谨慎的人陪侍太子。曹腾虽然年纪小，但是生得机灵，被太后选中。曹腾被选上之后，深得太子喜爱，每天对他的赏赐和饮食都与其他孩子不一样。后来，汉顺帝即位，曹腾就升为了小黄门、中常侍。

本初元年（公元146年），因立帝事件发酵，朝廷官员逐渐分化成两派，一派由李固为首，坚决拥护清河王为帝；另一派由梁冀为首，打算立刘志为帝。同年闰六月，梁冀毒死汉质帝，死后谥号孝质皇帝，葬于静陵。

质帝死后，太尉李固欲立"年长有德"的清河王刘蒜为帝，大将军梁冀则欲立蠡吾侯，正相持不下时，曹腾等人连夜赶去见梁冀，机智地说："将军总摄朝政，手下宾客众多，过失不小。清河王严明，如果当了皇帝，将军很快就会大祸临头的。不如立蠡吾侯，可以长保富贵。"

这番话与梁冀不谋而合，梁冀当即表示同意。第二天，梁冀上朝，言语凿凿，气势汹汹，震慑住了众人，并罢免了李固，终于将蠡吾侯推上了皇帝的宝座，这就是桓帝。桓帝即位后，曹腾因参与定策有功，被封为费亭侯，升为大长秋，加位特进。

曹腾虽反对李固的主张，但是对所有的官僚人士并非持有一概排斥的态度，相反，他极力推荐贤能人士，比如陈留虞放、边韶，南阳延固、张温，弘农张奂，颍川堂谿典等人，都是因为他的推荐而得到了公卿这样的官位。他乐于助人，却从来不以此炫耀，偶尔遇到不怀好意的人，他也总是谦让包容，对很多事情的处理都很有自己的一套想法。

有一次，蜀郡太守想跟他拉近关系，于是就利用本郡官吏进京的机会，给他送了一封信，信里透露了想要拉近关系的意思。但是，这件事被益州刺史种暠知道了，他派人在函谷关搜出了这封信，这封信的内容似乎有官宦勾结之意，于是便上书参奏了太守一本，由于信中的内容牵扯到曹腾，益州刺史就把曹腾也一并参了，说曹腾内臣外交，行事极为不妥，给朝廷造成了不小的影响，请求皇帝免官治罪。

但是皇帝对曹腾非常了解，知道他不会做出这样的事情，于是以"书自外来，非腾之过"为由，保护了曹腾。按道理来说，被这样无缘无故地扣了个勾结外臣的帽子，应该会非常气愤。可是，曹腾不仅没有记仇，反而常常称赞种暠，说他是一位"能吏"，颇得"事上之节"。曹腾的大度处事造就了他的好名声。后来，种暠被封为司徒，始终对曹腾非常尊敬，还曾多次对他人说："我今天能够做到三公，全靠了曹常侍的恩惠啊！"

曹腾在宫里三十多年来，从未有过重大过失，也没有树立过宿敌，还特别注重推荐贤人。当年种暠弹劾他，他却不计前嫌，多次称种暠为能吏。因他的品德高尚，心性善良，又有好人缘，深受皇帝喜爱，所以在当时很受宠。

曹腾的为人处世使他成为了皇帝眼中的红人，也为曹氏家族的壮大奠定了良好的基础。东汉时期，宦官被允许娶妻和收养孩子。因此，曹腾虽是一位宦官，但他按照俗例，收养了一个养子，取名曹嵩，字巨高，这就是曹操的父亲。

曹腾在朝廷顺风顺水，深得皇帝喜爱，又因他的为人处世，使得他总有贵人相助，因此在宦官里，他算是混得相当不错的。因此，曹嵩的仕途也沾了光，一帆风顺，很容易就做到了司隶校尉的官职。灵帝时期，又转为大司农、大鸿胪。再后来，灵帝开西园卖官，曹嵩又通过贿赂当权的宦官，出钱一亿，在中平四年（公元187年）十一月买到了太尉的官职（次年四月被罢免）。曹腾死后，曹嵩又袭费亭侯。曹操起兵讨伐董卓，曹嵩不愿意一起跟随，便辞去京官回谯县闲居。初平四年（公元193年），为避董卓之乱，在琅琊被徐州刺史陶谦的部属杀死。

曹嵩在当时能花钱一亿来买官做，可见他的家境殷实。而这一时期，曹氏家族在中央和地方做官的可不止他们，还有曹腾的弟弟曹褒（曹仁祖父）官至颍川太守，褒子炽（曹仁父）官至侍中、长水校尉，曹腾侄儿曹鼎（曹洪伯父）官至尚书令，另有一个堂侄儿（曹休祖父）官至吴郡太守。家财殷富的也不只曹嵩一人。比如，曹炽之子曹纯（曹仁弟）的家境称得上极其富裕，家中的僮仆有上百人；另外，曹洪的家财也远远超过曹嵩，所豢养的家兵达到千余之多，可见曹氏当时在政治上和经济上都是颇有势力的。

曹操身世显赫，祖父的仕途之顺，很好地印证了那句"前人栽树，后人乘凉"的老话，曹嵩跟着沾了光，然而，曹腾家族虽在当时较为显赫，但毕竟只是宦官之强，不过是供帝王役使的家奴，大部分都出身卑微，与那些名副其实的名门望族还是不一样的。他们再有身份地位也会被真正的名门望族所瞧不起。这种现实的情况对曹操后来统一大业一直有很大的影响。

身溯亳州，天赋灵粹惹人羡

东汉恒帝永寿元年（公元 155 年）的某一天，沛国谯县（今安徽境内的亳州），天空骤然乌云密布，电闪雷鸣，顷刻间，天空阴雨绵绵，而后骤变大雨滂沱。忽然，一阵婴儿的啼哭声响彻整个曹府，曹嵩的儿子出生了，那哭声在雨中显得十分响亮。曹嵩为儿子起名曹操，字孟德，小名叫吉利，小字阿瞒。自此，东汉末年历史舞台上的男一号登场了。

在曹操尚未出生之前，曹家人就询问过术士，希望看看这孩子未来的前途是不是能赶得上曹腾，也能成为皇帝身边亲信的大臣。术士听后连连摇头，说道："这孩子的云盖可不是人臣所能拥有的云气，而是至贵至尊的人才配拥有的。"术士的言外之意是这孩子的命是皇帝才有的命。此后曹丕篡汉自立，恰是印证了术士的话。而曹操出生，天降异象，又有东邻儒士断言，这孩子与天象一体，将来必成大器。

谯县是一个很古老的地方，据记载，商汤时期就曾建都于此。谯县扼东西纵脉搏，控制南北经络，纵横四方，地理位置十分优越，历来是兵家必争之地。可以说，从古至今，这里都是英雄辈出的地方。谯县境内有一条著名的涡河，自西北向东南流去，与淮河衔接。曹操的家就坐落在这条涡河的边上。

东汉政权实际上是西汉地主政权的继续和发展，豪强地主在政治上、经济上仍然享有不可忽视的特权。而到了东汉后期，豪强地主势力得到了进一步的发展。在地主阶级、豪强贵族的残酷压迫和剥削之下，广大农民百姓生活得牛马不如，食不果腹，寝不温暖。同时，统治阶级内部外戚、宦官集团之间的斗争也是非常激烈。尤其是汉和帝（公元 89 年）和汉安帝（公元 107 年）之后，政治更加黑暗不堪。外戚和宦官两股势力为了争夺控制中央的权力，互相排挤，互相残杀，朝廷上下也处在乌烟瘴气当中。但是，不管外戚还是宦官，一旦得势，最终承受痛苦的仍然是人民，因为他们只要得势都会狠命地剥削和压榨人民，使人民遭受更为深重的灾难。

这样的黑暗统治一直持续了半个多世纪之久，朝廷宦官集团的斗争更加激烈，百姓民不聊生，恒帝永寿元年（公元155年），曹操出世，赶上了风云变幻的时代。

东汉末年，政治激荡，宦官专权统治加剧，阶级矛盾愈发尖锐，社会危机日益加深，平民百姓生活在水深火热之中，这是一个动乱的年代，也注定是一个时势造英雄的年代，众多英雄豪杰应势而起，曹操就是那最杰出的一位。据说，曹操的少年时代一直居住在这里，直到踏上仕途才离开家乡，并且在随后的南征北战期间多次往返家乡居住。可见，曹操对家乡的感情非常深厚。

心有算盘，耳闻目见记心间

曹操是曹嵩的长子，颇受曹嵩的宠爱，自小聪明伶俐，伶牙俐齿，脑筋极快。他善于随机应变，处理事情的能力也是非同一般，思想更是开放，做事不拘小节，很多做法超前，常常不被人理解，尤其不太守封建礼教的清规戒律，常有自己的生活主见。

少年时期的曹操，喜欢闲来无事到处闲逛，兴趣爱好也比较广泛，擅长游猎、歌舞等。平时还喜欢玩玩飞鹰猎犬，耍枪棒，更是精通骑术和剑法。虽到了奋发图强的年龄，别人家的孩子都乖巧老实，且斯文有礼，而他却玩性不改，经常在外玩到很晚才回家。他身体强壮，武艺高强，经常仗着自己的本领，到处惹是生非，口碑在当地并不是太好。当地人都认为他长大之后不会有什么出息。

不仅如此，他还触犯过刑律，被县官追究罪行。当时，县官根本不知道眼前这个惹祸的人是曹操，曹操也不过多辩解，只等县官处置。倒是他的小伙伴夏侯渊出面替曹操承担了罪责，曹操脱罪之后又设法将夏侯渊救了出来，双双逃脱了惩罚。此后，夏侯渊成为了曹操统一大业的重要将领，为曹操立下了汗马功劳。

当时，还有一个皇帝非常宠信的宦官，是寝殿侍奉长官常侍张让。这位宦官可不如曹腾人缘好，口碑极差。张让仗着皇帝给自己撑腰，经常专权用事，极为跋扈，做事也从不考虑他人的感受，因此得罪了不少官员，但是官员畏于他是皇帝的宠信之人，只能无奈忍受。很多官员都怵他，私底下民愤极大。

曹操的父亲曹嵩在京城洛阳做官的时候，曹操也跟着去了洛阳。有一次，张让正在床上闭目养神，曹操不小心误闯了他的卧室，被张让发现了，惊恐地大叫："有刺客！有刺客！"一时之间，卫士们涌入张让的卧室。可是曹操根本没有把这些卫士放在眼里，而是拿着一支手戟，从卧室打到厅堂，从厅堂杀到院内，最后，卫士们竟然害怕了，没有一个敢向前拦住他，只好眼睁睁地看着他翻墙逃跑了。如此一来，张让丢尽了颜面，竟然让一个小辈随意地在自己的寝室想来就来，想走就走，很是气愤。

曹操如此一闹，惹得张让非常不高兴。有人猜测，这可能是曹操在用一种特立独行的方式来表达对张让的不满。但从中也可以看出，虽然曹操的行为不端，但他对这种专权用事的跋扈官员也是非常不满的。当然，在那个恪守封建制度，严肃封建思想的朝代，任何出格的事情都会被拿出来质疑，曹操这种放荡不羁的做法确实给他招来了很多风言风语。

曹操的叔父对曹操的这些行径非常清楚，担心他未来成不了材，再到处惹事端，辜负了曹嵩的一片苦心。于是就向曹操的父亲曹嵩告了状，让他有空的时候对曹操严加看管。曹嵩原本很宠爱这个儿子，可是当他得知了曹操的行为，拍案而起，气愤不已，立刻叫人把曹操给唤来，狠狠地训斥了曹操一顿。从这以后，曹嵩对曹操的管教逐渐变得严厉起来，他不允许自己的儿子在外如此惹是生非。

然而，他叔父向父亲告状这件事，本意是为了约束他的行为，希望他能够行为端庄，遵守法纪，使他以后能够成为有用的人才。原本这一切都是为了曹操的前途着想，如此一番好意却被曹操怀恨在心。

自由散漫的曹操受到了前所未有的控制，不能再像以前那么自由了，心中难免有些不高兴，久而久之心中就产生了对叔父的不满，心中想着有朝一日能够报复叔父，一解心头之恨。

有一天，曹操像往常一样在大街上无所事事地闲逛，恰巧看见叔父打远处走过来。他脑筋一转，心想："机会来了！这个老东西，看我怎么报复你！"他假装摔倒在地，大声地喊叫起来。

他的叔父定睛一看，这不是侄儿曹操嘛！他还以为是侄儿出了意外，慌忙上去查看。只见曹操张着大嘴巴，歪斜着脖子，脸上的肌肉不断地抽搐，眼睛直翻白眼，像是中风了。叔父急忙过去扶住侄儿问道："侄儿，你这是怎么了？"曹操痛苦地呻吟着，就是不说话。

叔父怕侄儿出事，连忙安抚了曹操，又跑去告诉曹嵩，曹嵩闻讯赶来。曹操躺在地上，看见父亲大老远从街角跑了过来，他一个鲤鱼打挺站了起来。曹嵩一看，曹操什么事也没有呀！也不翻白眼，脖子也不歪，好端端地站在那里，神态和往常一样，一点也不像生病的样子，便问道："你不是中风了吗？怎么又没事了？"

"我没中风呀？谁说的？诅咒我吗？"

曹嵩奇怪地说："你叔父跟我说你中风了！我这不赶紧来看看你吗？"

"我好端端地站在这里，哪里中风了？再说了，他的话你也信？"曹操委屈地说，"叔父一向都很讨厌我，老是在背后说我的坏话，现在又说我中风了，这不是诅咒我吗？"

"原来是这样呀！"曹嵩恍然大悟地说。

从此，曹嵩对曹操叔父所说的话不再信以为真，曹操又开始了放任自流的生活，不再有所顾忌。

曹操很小的时候，和袁绍是很好的玩伴，经常和袁绍做一些游侠之事。有一次，他们两个观看某户人家的新婚典礼，曹操偷偷地藏在这家主人的花园之中，等到半夜里，他大声地喊道："有小偷！"一句话，把房间里的人都喊了出来，就在此刻，他趁机钻进了新人的房间，拔刀将新娘劫持，跟袁绍一起逃走了。

可是，毕竟他们那会儿年纪小，做坏事不免有些心虚，曹操和袁绍只顾着逃跑，没想到迷失了方向，不小心陷入了荆棘丛中，袁绍被荆棘绊住，不能再继续前进，眼看就要被后面的人追上了，曹操急中生智，急忙大喊了一声："小偷在这里！"吓得袁绍赶紧从荆棘丛里蹿了出来，就这样，两个人顺利逃离了险境。曹操的胆量过人，从小就体现得淋漓尽致，与袁绍相比，他总是能在危机关头镇定自若，想尽办法脱险，而且是常人绝对不会想到的。

据说，曹操十岁那年，到涡河里洗澡，突然有一只大鳄鱼向他扑了过来，曹操非但没有躲避，反而跟鳄鱼在水里展开了激烈的搏斗，在曹操的奋力搏击下，向来以凶狠著称、让人闻风丧胆的鳄鱼，竟然落得惨败，灰溜溜地逃走了。这虽然是一个无法考证的故事，但也足见曹操胆量过人。

曹操往往能在危险时刻急中生智，从曹操的少年时代，我们便足以可见一斑，那时候的曹操就已经显示出了其诡谲奸诈的性格，也显示出了其果断勇敢，胆量过人的性格。从这方面来看，他确实天生机灵，心中有一副自己的小算盘，把耳闻目见的事都记在心里，在遇事时才表现出来。

心忧天下，志存高远而读书

曹操虽自小放任自流，却天生机灵，心中小算盘天天打着。他十分留心世事，从所接触的人与事中，深切地感受到了统治集团的腐败，心中一直愤愤不平，时常有一种为"天下之忧而忧"的感觉。

他知道，只有东汉的政治腐败势力彻底瓦解，这个社会才能够强大起来，人民才能过上好日子。当他对东汉的腐败政治有了进一步的了解之后，忽然觉得仅仅是期盼这股势力消失是不现实的。如果真的有心去改变这一现状，就需要自己去努力。他也逐渐开始意识到，自己可能是扭转这种局面的重要人物。

他开始利用空闲时间读书，东汉时期的孩子都读哪些书呢？据东汉文献《四民月令》的记载，贵族子弟九岁开始上小学，初级班学习《急救》《三仓》《九九》，再大一点学《六甲》《五方》也就是天文地理等知识，等到高级一点的班就学《孝经》《论语》，十五岁之后，开始学习《诗》《书》《礼》《易》《春秋》，还是儒家经典。当时的教育体系希望培养温文尔雅，文质彬彬的儒家人才。

曹操一家对教育倒没那么多讲究，虽然曹嵩一直强调读书的重要性，但曹操始终不理睬，所以在儿童读书的最佳时期，曹操大多数时候是顽劣不恭，不读书的。而随着年龄的增长，曹操也逐渐明白，如果想要出人头地，必须读书学习。所以，曹操主动读起书来。

曹操读书并无禁区，什么兵书战策，史书杂文，诸子百家都看。他熟读经典著作，潜心研究军事。他天资聪慧，悟性极强，不久便掌握了很多知识。在诸家军事著作上，他尤其崇拜革新派的一些人物，比如说帮助秦孝公革新秦制的商鞅、统一中国的秦始皇、雄才大略的汉武帝、演阵斩姬的孙武和智擒庞涓的孙膑等。他认为，凭借自己的聪明才智在当时大有用武之地。他深知治乱征伐必须通过武力，只有学好兵书战略才能肩负起拯救乱世的大业。由此可以看出，他对变革有着很深的渴望。

不仅如此，他的兴趣极其广泛，摄取的知识面极广，如诗书经典、史籍法学（法家著作）、楚辞乐府、书法绘画等都熟读数遍，博览群书的他更是对经典、书法、绘画、围棋等方面无一不晓，且达精妙之境。辛勤地耕耘，带来了惊人的丰硕收获，青年时代的曹操很快便成了一个博学广识、多才多艺、智慧超群的人。曹操深受传统文化的熏染，让他懂得了不少治国爱民的道理。

直到后来领兵打仗之时，他仍不忘读书、作诗、习书法。他不仅是东汉末年著名的军事政治家，更是一位了不起的诗人、书法家。他用自己的拼搏奋斗证明了自己的价值，夺取了英雄的称号。这位年少志远才高的豪杰，乘着时代的变迁，大展宏图，创下了魏国基业，实现了自己的伟大梦想。

乐善交友，缘遇伯乐入世俗

东汉末年，品评一个人的德行成了这个人立足于世的重要因素。因此，那些品评他人德行的人就被奉为清议权威、鉴定人才的专家，被人们当作天下名士。而这些人对人物的褒贬，很大程度上能影响这个人在地方上的评价，甚至影响到这个人的仕途进退。

为了获得清议的赞誉，士子们不得不进行广泛的社交活动，寻师访友，借机认识一些有能之士以提高自己的才学声名，博取人们的注意和好感，特别是博取清议权威的赞誉。这样一来，有些清议权威之居所终日宾客盈门，还有一些求名者不远千里来这里拜访。

曹操无疑是一个很有远见又有主见的人，他对于当时的形势非常了解，有着极为清醒的认识。曹操除了广泛结交朋友之外，还经常在朋友面前尽量地施展自己的才华。

当时汝南有一位叫王俊的名士，非常赏识曹操。话说，有一次，汝南大豪族袁绍兄弟为母亲办丧事，丧礼举办得非常隆重，将近三万人前来送葬，曹操和王俊也在现场。曹操看到这么阔气奢侈的场面，胸中不由得愤慨起来。他悄悄地对王俊说："这国家要是大乱了，为首作乱的肯定是这两个家伙，要是想安定天下，替百姓解除疾苦，就得杀了这两个祸首，免得将来后患无穷。"王俊点头表示同意，并对曹操小声说道："你说得太对了，能稳定天下的人，除了你还能有谁呢？"说完，两个人便心领神会地笑了起来。

王俊和曹操的关系要好，并非相互抬举，而是因为王俊是一位有识人之能的伯乐，他在当时就能看出曹操的不同凡响。而曹操得到这样的褒奖，自然是信心十足，更加坚定地向着拯救天下的目标去努力。

南阳何颙，字伯求，年轻时曾游学洛阳，因受友人牵连，隐姓埋名逃到了汝南。这个人与袁绍的关系相当不错，所以曹操自然也认识他，两个人颇有共同话题，常常一起谈论天文地理以及社会形势，曹操在何颙面前可谓是充分展示了自己的才华，并且发表了不少独到的见解，常常令何颙刮目相看。何颙听后，感叹道："这个汉家要是灭亡，能够安定天下的人，必定就是你了！"曹操听完非常高兴，他也因此在地方收获了一些影响，有了一些小名气。

再举一个例子，话说有一个梁国人，名桥玄，字公祖，历任县功曹、国相、太守、司徒长史、将作大匠、少府、大鸿胪、司空、司徒、尚书令等职。光和元年（公元178年），其升任太尉。

桥玄这个人很善于观察和品评人物，以有政治远见和善识人才闻名四方，在清议界也享有很高的声望。他为人素来刚毅果断、正直勇敢，虽然身居要职，但却廉洁自守，传说他在去世后，穷得连殡葬的钱都没有，被当时的人所尊崇，是汉末的名臣。

就在桥玄位列三公的时候，曹操慕名前往拜访。他与曹操聊了几句，便说："天下即将大乱了，不是经邦济世的人才不可能使天下安定下来。能够安定天下的，大概就是你了。"他甚至还以妻子儿女相托："我见过天下那么多名士，没有一个是像你这样的。你要好好努力。我已经老了，我愿意把妻子儿女托付给你。"曹操听了，非常感激，把这位老前辈引为知己，并深铭谢意。

建安七年（公元202年），曹操驻军谯县，曾想再次与桥玄见面，就派人四处打听桥玄的消息，没想到桥玄已去世多年。于是他派人带了祭文和祭品，到谯阳桥玄墓前隆重地祭奠了一番。为了表达自己对桥玄的怀念，感谢他对自己的赏识和荐举，使他从一个无名之辈很快出名，曹操写下一篇著名的祭文，祭文为："故太尉桥公，诞敷明德，泛爱博容。国念明训，士思令谟。灵幽体翳，邈哉晞矣！操以幼年，逮升堂室，特以顽鄙之资，为大君子所纳。增荣益观，皆由奖助……士死知己，怀此无忘。"又承从容约誓之言："殂逝之后，路有经由，不以斗酒只鸡过相沃酹，车过三步，腹痛勿怪。""虽临时戏笑之言，非至亲之笃好，胡肯为此辞哉……怀旧惟顾，念之凄怆。奉命东征，屯次乡里，北望贵土，乃心陵墓。裁致薄奠，公其尚飨！"

由此可以看出，曹操对桥玄的感激之情极为深厚。当年，桥玄考虑到曹操尚年轻，没有什么名气，便劝曹操去结交许劭，恰巧曹操对许劭也是慕名已久，因此带上厚礼，长途跋涉上门去拜见。

许劭是汝南平舆人，字子将，是司空、太尉许训的侄儿，在当时也算得上是名门之后。由于许劭善于待人接物，能够鉴别人物好坏善恶，跟堂兄许靖两人的知名度极高，当时人们把他和太原郭泰作为推举清议的权威。传说，谁要是能得到他的赞誉，就能身价倍增。但许劭这个人自命清高，不肯应召出来做官。他只喜欢和堂兄许靖共同评判当世人物。每月初一，他都会邀请当时的评议人士会聚一堂，把本乡的人物重新评议一番，作一次总结，排列出高下顺序。汝南人称这种会议叫"月旦评"。

每个月凡是能够得到他们好评的无名之辈很快就会被人器重；已有了名气的，也会声誉猛增。据说许劭做过功曹，官兵们也很敬重他，一旦听了他的话，无不奋发改过，可见其影响力。

当时曹操还是一个不知名的小人物，虽有些野心抱负，可毕竟不是什么达官显贵之人，又是外来求见的，许劭自然不大感兴趣。曹操前来拜见许劭，许劭并没往心里去，交谈没多久，年轻气盛的曹操就问："许先生，您看我是怎么样的一个人呢？"实际上，曹操有些心急了，他以为许劭会像桥玄那样器重自己。可毕竟那时候的曹操还是太年轻，把事情看得太简单了。许劭可没有桥玄那样的气度，他甚至有些瞧不起曹操，认为自己跟这样宦官之家的人物交往有失身份，于是就闭口不答。

曹操见许劭不说话，便知许劭是瞧不上自己的身份。曹操也不着急，为了奠定自己的政治资本，他不在乎许劭对自己的轻视，多次带着厚礼，赔着笑脸去拜访许劭，请求许劭帮助自己。由此，我们可以看出，曹操在认定了一件事之后，必定要不择手段地去完成的态度。久而久之，许劭也确实感觉出来曹操与其他人不同，心中开始逐渐改变了对曹操的看法。但是另一方面，他开始从侧面了解这个人的行径。结果，当他得知曹操是一个行为不拘小节，性格不羁的人，且做了那么多触犯法规的事，更不欣赏他的行为，因此拒绝作答。

可是，坚持了这么久，执着的曹操怎么可能轻易放手，他坚持自己的要求，最后，他甚至找了一个机会对许劭进行了胁迫。许劭一世英明，遇上曹操这样难缠的人也没有办法，况且拿了人家这么多厚礼，经不住曹操的再三追问，终于开口说了话，他说："你是治世的能臣，乱世的奸雄。"坚持了这么久，曹操得了这么一句话，有些喜出望外，哈哈大笑告辞而归。

因为有了许劭这句话，曹操的名声更响了，他因为许劭的品评从此远近闻名。许劭也因为评论了曹操而留名千古。尽管许劭给予了曹操一个"奸雄"的评价，始终带有一种否定曹操品行的意味，但是单单一个"雄"字，就让大家对曹操的评价另当别论。果然，许劭的评论有事半功倍的效果，没过多久，曹操就被家乡一些有地位的能人志士推举为"孝廉"（汉代选拔官吏的科目之一）。不久之后，他又被朝廷任命为洛阳北部尉。曹操从此踏上仕途，开始了他叱咤风云的一生。

在这个人人都是势利眼，君主昏庸，臣子奸诈，政治混乱的社会里，一个浪荡之徒要想出人头地更是难上加难，曹操却凭借自己的斗志，抓住各种向上的机会，为自己赢得了"治世之能臣，乱世之奸雄"的美名，狠狠地捞到了一笔政治资本。

虽不被世人看好，却依然凭借自己的努力和不达目的不罢休的精神赢得了更多名士的赞扬和认可，由此，曹操在社会上也逐渐有了一些名气，逐渐引起了广泛的注意。这一切对他未来的政治生涯有着很重要的影响。

　　许劭的一个"奸雄"，让曹操的美梦正式发酵，酝酿出香浓的征伐之味，满足了曹操的野心，使得他陶醉了一生，激励了他一生。而这一年，他还不到二十岁。

第二章

小试牛刀，金光闪闪显威名

初露锋芒，洛阳权贵被棒杀

灵帝熹平三年（公元 174 年），年轻有为的曹操被地方推举成了孝廉，身份有了很大的提升。他最开始被任命为郎，"郎"是帝王侍从官的意思，后来又因家族关系，由尚书右丞、京兆尹（相当于郡太守）司马防（字建公，司马懿父亲）推荐，当上了洛阳北部尉，由此，正式开始了他的仕途。

其实，洛阳北部尉的官职并不高，是县令的副手，主要负责军事，查禁盗贼，维护四方社会治安的工作。曹操当时担任这个职位，就要负责洛阳地区的治安工作。但是洛阳当时是京城，各地达官显贵都聚集在这里，还有一些进京求生存的小人物也聚集在此，可谓鱼龙混杂，治安很差。而又恰好是天子脚下，权贵也不少，所以经常有一些权贵子弟在京城仗势欺人，为非作歹，很多职位比较低的官吏不敢招惹他们，就睁一只眼闭一只眼。结果，整个洛阳城都乌烟瘴气。

二十岁的曹操刚当上这个北部尉，可以说是年轻气盛，正想大展拳脚，为百姓除害，彰显自己的才能，树立自己的名声，再加上家里的背景也不差，便决定大干一场。

都说新官上任三把火，他刚上任的第一天，就命令工匠把年久失修的都尉衙门重新修葺粉饰了一番，然后又做了五色棒，由青、赤、黄、白、黑五种颜色组成，就挂在衙门左右。然后又贴出一张告示，申明禁止夜行。如有违抗，不管是谁，一律用五色棒打死。

禁令一出，街头巷尾可就传开了，有人说，这下可以睡个安稳觉了；也有人说，这不过是新官上任，做给别人看的。至于那些作恶多端的权贵子弟，根本没把这一禁令放在眼里。夜里，他们依然明目张胆在街上胡作非为。曹操手下的衙役个个都胆小得很，不敢去得罪权贵，遇到这些子弟也就当自己倒霉，反正也见怪不怪，大事化小，小事化了，一连几天，治安也不见好转。

这些权贵当中，有一个宦官叫蹇硕，很受皇帝宠信，统领禁军，权倾朝野。他的叔父经常仗势欺人，为所欲为，京城里谁也不敢得罪他。他根本没把曹操放在眼里，故意违禁夜行。

有一天夜里，曹操决定亲自夜巡看看情况，他带着几名巡官和衙役绕过白马寺，来到了权贵最为集中的街上，走着走着，忽然看见一个老头匆匆走过大街，后边还跟着两个家丁。老头走到一家民房前停住了，家丁便明白了他的意思，上前敲门，屋里没动静，家丁便大喊："老爷驾到，还不赶快出来迎接，开门开门！"里面仍然没有反应，只见家丁猛地一脚，把大门踹开了。老头和家丁一拥而进，之后屋里传来妇女的哭喊声。

这一切正好被曹操看了个正着，他愤愤地下令说："把这个人给我抓回来！"

一位衙役小声禀告道："大人，这位老爷我们可惹不起啊！"

曹操一问，才知道这老头就是宦官蹇硕的叔父。

正愁找不到一个杀鸡儆猴的机会呢！为了杀杀权贵们的威风，他心想："我这禁令已经出了，他不放在眼里，如果今天放过这种人，以后还怎么令出必行？"

他下定决心，说："带走！"

第二天一早，北部尉衙门前可热闹了。当人们知道这罪恶多端的老头被抓起来时，都想看看这位二十岁的北部尉怎么处置这位权贵。结果，曹操指着门口旁的五色棒说道："你看清楚了吗，这是什么？"

这老头虽然被抓，但他料定区区芝麻小官不敢把他怎么样，见他又如此年轻气盛，便不由得冷笑一声说："小孩儿玩的玩意儿。"

曹操巡视四周，毫不客气地说："给我打！"几根五色棒将老头劈头盖脸一顿打，要了老头的命！

曹操此举，大快人心，这个消息也迅速传开了。一个小小的北部尉竟然杀了皇帝身边红人的叔父，真是令人不禁佩服他的勇气！

公权有道，入仕为官秉正义

　　曹操年纪轻轻当上了洛阳北部尉，工作兢兢业业，尽忠职守，可以说是一位好官，而他最大的成就是棒杀了大宦官蹇硕的叔父，狠狠打击了皇亲国戚、豪强的嚣张气焰。这件事给了贵族一棒重击，压制了他们的气焰，而且还说不出一点儿问题。可是，这件事为他树敌不少，为了打击他，便密谋找机会将他赶出了京城，去做了顿丘令。不过，他虽离开了，这件事却在大家心中留下了深刻的印象，这为他积累了一定的声望。而他雷厉风行、不畏权贵的行为，一直没有改变。

　　熹平六年（公元177年），曹操离开京城洛阳，去顿丘做县令。他在出任顿丘令期间，更是秉公职守，执法必严，说一不二。后来，他带兵南征孙权，临行前为了勉励儿子曹植，曾说过这样一段话："我过去任顿丘令时，才二十三岁。回想当时的所作所为，无悔于今天。"这充分说明了曹操当时对自己的表现与作为还是很满意的。

　　不过，曹操出任顿丘令的时间并不久，很快就被朝廷召回任为议郎。议郎的职务是顾问应对，可以参与时政的议论。其实，议郎属于闲职官，没有具体工作，也没有实权。第二年，也就是光和元年（公元178年），汉灵帝听信宦官的诬陷，废掉了宋皇后，宋皇后的父亲宋酆及其几个兄弟被杀死。曹操的堂妹夫宋奇因是宋皇后的同宗也被杀。本来这事跟曹操没有什么太大关系，但是因为曹操平时刚直不阿，得罪了不少朝中大臣，借着这个事，这些大臣捕风捉影，把曹操也牵连上了，令皇帝免了他的官职。

曹操被免官之后，心情非常不好，从而不愿意在洛阳闲居，便回到家乡谯县居住。两年以后，光和三年（公元180年）又被征召，拜为议郎。

说起议郎这个官职，虽然是个闲职，但曹操却刚正不阿，忠于职守，不甘寂寞，想为朝廷多提一些建议，使自己的治国之道得以实现，让政治更加清明。他想起了灵帝初年大将军窦武与太傅陈蕃被宦官杀害的事件，觉得这其中有问题，便想为窦武、陈蕃申冤鸣不平。他经过详细调查了解之后，认为窦武、陈蕃等死得冤枉，应该给予平反，以求得公正，这也有利于改善政治。

于是，他不顾个人安危，上书向皇帝请求为窦武、陈蕃平反，上书中写道："窦武等人正直为公，却被无故陷害。奸邪之人充满朝廷，而真正贤臣的晋升之路被阻塞了。"从这寥寥数语就可以看出，曹操不仅把矛头指向了害人的官僚，而且还翻历史的案子，针砭时弊地对灵帝进行旁敲侧击。灵帝见曹操翻了旧案子，还旁敲侧击地提醒自己，心中自然是有一丝不满，但是，他作为皇帝，又不好直接回绝曹操。于是，他表面上对曹操这种恪忠职守的态度非常赞赏，实际上却没有任何行动。这让曹操更加认清了吏治的腐败。

光和五年（公元182年）正月，灵帝诏令公卿检举害民的地方官，予以罢免。太尉许有彧、司空张济二人趁机大肆收受贿赂，对那些民愤极大的宦官亲属、宾客，一律不予查处，反而是整顿了一批有政绩却没有门路的官吏，这让百姓看在眼里，惹得民怨沸腾。那些被冤枉的官吏，纷纷向朝廷申诉。也有一些善良的官员上书灵帝说明事实，结果可想而知，灵帝不仅没有听信他们的实情，反而听信了宦官的诬陷，被灵帝罢了官，押入大牢，最后冤死狱中。

曹操自然也知道这些实情，对许有或、张济的所作所为非常不满，但是苦于没有机会行动，只好隐忍不发。但是，就在这一年的二月，地方发生大瘟疫，到了四月的时候，全国又发生大旱，五月太后住的永乐官又发生了大火。因此，一时之间出现了不少政治谣言。

灵帝听闻了不少天人感应的说法，对"灾异"的情况很是重视，下诏征询政事的得失。曹操借机上书，谴责公卿举奏不实，专门打击那些清明小吏而刻意回避贵戚及宦官子弟，他们用不符合事实的话，蒙蔽"圣听"，引起了民愤，造成了这样的灾祸。

灵帝本来就因为灾祸连连，之前有所察觉，这次由曹操一提，就不得不重视此事，将曹操的奏章发给三府（三公府衙），责备许有或、张济的失职行为，随后，没过多长时间，许有或就被罢官。这次曹操抓住时机，一举成功。通过这件事，也让他深深地懂得了，为官之道要懂得抓住时机，他的某些做法也逐渐成熟起来。

曹操反对权臣为非作歹的做法，表明他与硬直派官僚的立场相似，虽然同样出身于宦官之家，但却走上了反宦官的政治道路，使得当时很多人都对他颇为赞赏。

而此后，朝政越来越黑暗，很多豪强变得越来越猖狂。此时的曹操知道读书学来的办法始终是改变不了现状的。汉帝国就像是将要崩塌的大城堡，他只有更加坚定自己的信心，靠着自己的力量拯救天下。

说到做到，禁淫禁贪不手软

曹操虽然在政治上压制了一些豪强，属于封建统治者中比较开明的一个，但说到底，他还是地主阶级的政治代表。他的所有做法，实际上都是从地主阶级的利益出发的，目的也很简单，就是为了恢复封建统治秩序，巩固地主阶级的统治。正是由于这种阶级性质，决定了他对农民起义也势必要采取一些镇压的手段。

话说，曹操在镇压黄巾军之后，因功升迁，被任为济南相（治所在东平陵，今济南历城区东）。在当时，济南是侯王的封国，"相"就是朝廷派到王国去代表朝廷处理政事的官吏，相当于郡太守的地位。曹操的仕途也由此揭开了新的一页，逐渐显示出了霸王之气。他决心运用手中掌握的实权，按照自己的理想，大干一番，筹划自己的政治人生。

济南国所管辖的县城有十来个，曹操上任以后，听说这些县令都是依附权贵宦官，上下勾结，贪赃枉法的贪官。而且，以前几任的国相虽然知道这种情况的存在，却不敢干涉，更不敢有所处置，造成了贪官泛滥，黑白颠倒的局面。曹操调查清楚状况后，上书皇帝，一举罢免了大部分贪官，他的威名也在当地传开了，济南国大大小小的官吏闻风丧胆，一些曾经为非作歹的坏人，为了逃避惩治，纷纷逃到了外地。整个济南国因为曹操的到来，社会治安大为好转。

封建社会，迷信最为盛行，在当时修祠庙祭祖的活动成为了一种风气。祠庙修得越多，这股风气便越厉害，而曹操所在的济南国，就受这股风气的影响，在曹操上任时，这类祠庙已经达到六百多处。

曹操认为，如果按照国家规定的章法建立祠庙，按照礼制的内容进行祭祀的活动，祭祖本是一件好事。可是，当他了解了济南大部分祠庙都不是按照规定所建，而是属于滥设的祠庙，并不是按照礼制的规定来进行祭祀的。根据他的调查，这部分人多是从事奸邪鬼神的事，更过分的是，有些有钱的商人地主，大肆铺张，他们根本不把朝廷放在眼里，甚至穿着官服，招摇过市，为了标榜自己的身价，还请来一些艺人唱唱跳跳，吹吹打打。

而且，有些心怀鬼胎的人，还把祠堂变成了迎神赛会、诈骗钱财的场所。每当遇到祭祀活动，这些人就大搞排场，致使老百姓苦不堪言。这些老百姓被迫到祠庙上香也成了一种额外的负担。就这样，"淫祀"便越来越盛行，虽然历任国相都知道这里面的猫腻，但是却很少有人敢去禁绝。曹操得知这样的情况，便说一不二地将这些"淫祠"全部推倒，并且明令严禁官民再搞"淫祀"活动。禁令一出，再也没人敢提"奸邪鬼神"之事了。

体察民情，巧用妙计解水患

曹操为官多年来，始终刚正不阿，公权有道，就任济南国相之后，每天忙于政务，时常体察民情，为百姓办了不少实事，是老百姓心中的好官。

有一阵子，济南国连连阴雨不断，城中排水不便，很快就洪水泛滥，数日不退，让城中的百姓叫苦连连。曹操便问下属郭嘉具体情况如何。郭嘉已经查明了其中的原因，便请曹操来到了济南国王府后门，指着泺水河道说："曹国相，要退城中积水，关键就在这里，请仔细看。"

曹操顺着郭嘉手指的方向望去，看见泺水河两岸建了数不清的大大小小的花园亭榭。这些花园亭榭，一半落在岸上，一半悬在水中；水中柱石、堤坝密密麻麻，支撑着楼台画阁。中间最大的一处，紧靠涌泉。

曹操问："这是谁家的花园？"

郭嘉："国相，这是济南王刘康家的后花园。"

原来，这后花园中的整个建筑几乎全在水中，城中的这段泺水，本身河床宽阔，地势平坦，水流舒缓，清澈见底，两岸绿柳成荫，鸟语花香，看起来就像个天然花园。刘康仗着自己皇亲国戚的身份，执意要把王府建在此处，拥有了这座水上花园。

城中的大户人家一看，刘康王爷的家中拥有如此风景秀美的花园，都效仿起来。水上花园越建越多，好端端的泺水河，就这样变成一道弯弯曲曲、水流不畅的小溪。

很多花园建筑阻碍了河水的流畅，一到夏天阴雨连绵，山上的流水都汇聚到这泺水河之中，城中自然积水不少，造成河水泛滥的灾祸。而那些济南王府和大户人家，都是高墙深基，山石砌成，自然不会害怕水灾的侵害，可就苦了这一城的百姓。

曹操第二天便径直去了刘康王府，开门见山地说："王爷，您这后花园虽秀美，但因此阻碍了城中的排水，导致城中百姓民不聊生，请您把这后花园拆了吧！"

刘康仗着自己是皇亲国戚，根本不屑曹操的这番话，几句生冷的话就想打发曹操走。结果，两人闹得十分不愉快。曹操是一个不达目的决不罢休的人，他回到府中，心中压不下这口气，而且，不为百姓解除这件事，心中总是个事。他思来想去，认为不能这么善罢甘休。既然不能硬来，他只好使用计谋，挑选了几个精通水性的手下，交代他们当晚去刘康王府的花园里，悄悄地动了手脚，而且必须在夜里完成。

再说济南王府的刘康王爷，前一天被曹操顶撞，心里很是不舒服，便来到自家的水上花园散心，不料，刚刚在亭中坐下，身后的逍遥亭竟然齐刷刷地倒塌下来，连同两个妃子一起落入了水中。

刘康王爷惊魂未定地回到寝宫，只见宫娥彩女一个个交头接耳，神色仓皇，好像知道了什么大事一般，刘康眉头紧皱，急忙喝道："你们在谈什么事，快告诉我！"一个宫女哆哆嗦嗦地从衣袖中拿出一幅巴掌大小，上面写满字的白绫。刘康接过一看，却是四句偈语：

"河兮流水，园兮招灾。风过兮我至，子孙兮水埋。"

几句话似懂非懂，恰好戳中了刘康的内心，他也在琢磨，为什么花园中的亭子会倒塌呢？难道真的是因为在水上筑建花园，使得百姓民不聊生，所以才遭到了上天的惩罚吗？他突然心中一惊，胸中感到一阵烦闷，一口鲜血涌上来，便昏了过去，一连几天都卧床不起。

曹操得知刘康王爷昏倒过去，心中暗喜，但是表面上还装出一副非常关心的样子，以探病为由来到王府。坐在刘康王爷的床前，问起生病的缘由，说着说着自然就提到了水上花园的事。刘康王爷虚弱地说："真是后悔当初未听信国相的话，遭了这一劫，差点要了我的命！"曹操赶紧顺势说："此不祥之物还是早拆为好。一是为了王爷的玉体安康，一是为了解除黎民百姓之苦。"

刘康点了点头，请求曹操亲自去办理。王府的花园一拆，其他大户人家也跟着都拆了。不久之后，城中的积水都完全排泄出去了。

曹操这招"借尸还魂计"用得是恰到好处，假用神灵来刺激王爷，先是派人砍了几根支撑亭子的木头，又请郭嘉编了几句偈语，大半夜里在街上到处张贴，闹得满城皆知，可谓是得到了意想不到的结果。

严抓治安，有序有制打盗贼

说到维护社会治安，曹操可是一丝不敢轻视，他以除掉盗贼为首要工作，严抓治安。

汉时齐鲁大地社会不稳定，盗贼层出不穷，百姓非常痛恨。曹操出任济南国相之后，看到前任国相遗留的案子中，光是盗窃案这一项，就有多达数十起没有破案。曹操觉得这件事非同小可，便要把这件事当作大事来办。他经常带着自己的心腹属下，穿着便服到处走访，通过详细地调查，在当地的几拨盗贼团伙的头目已经基本被曹操所掌握了。

让曹操没想到的是，这帮犯罪头目，不仅不是恶霸或者街头混混，反而是住在深宅大院里的富贵之人，平时还小恩小惠地救济穷人，而百姓根本不知道他们是盗贼的头目，还以为他们是忠厚良人，还把他们评为"乡村楷模"。

为了将他们一网打尽，曹操在掌握了大部分证据之后，并没有马上打草惊蛇，而是过了几天，派府衙带着请柬，把这几位头目请到了府内，饮酒闲聊。正当大家推杯换盏间，曹操突然板起脸，指着他们说出了这些人所犯的罪行。这些头目大惊失色，不知如何是好。不料，曹操微微一笑，继续说道："你们且不必惊慌，只要能重新改过，协助本府把你们的手下捉拿归案，便可以赎罪，本府既往不咎。怎么样？"

众头目面面相觑，见自己的罪证已被掌握，只好答应了下来，以免陷入牢狱之苦，便跪下说道："请国相指教，我等愿弃暗投明，只是今日被邀到这里，势必会引起手下的怀疑，万一他们得知了消息，逃跑了怎么办？"

曹操胸有成竹地说："这事好办，本府教给你们一个办法，保管一个也漏不掉！"

众头目急忙起身，凑到曹操的嘴边，曹操叮嘱了一番，众头目急忙点头叫好，心中不由得对曹操很是佩服。

曹操给他们每个人都发了一张相府明文，上面写着：曹国相已知你们的善德素行，特召为郡吏。头目手下的盗贼听闻了这个消息，特意来登门祝贺，而众头目均大摆宴席，以好酒相待。盗贼们一看，官府内已经有了耳目，以后作案就更加容易了，个个都高兴得不得了，喝得酩酊大醉。谁知，刚一出门，就被差役捉拿归案，无一漏网。

众盗贼被全部拿下，还不知道是怎么一回事，被带到相府后，曹操亲自升堂审问。盗贼还妄想狡辩，却没料到曹操大怒，说道："你们相互看看背后，都有记号，还想抵赖吗？"原来这些人都被自己的首领印上了记号，这时他们才恍然大悟，俯首认罪。

自打这件事之后，曹操威名远扬，一时之间，贪赃枉法的劣迹，盗窃之贼的行踪全然不见了。整个济南国境内百姓安居乐业，虽然谈不上夜不闭户，但大家算是过上了平静的生活。任谁也不会相信，曹操在未来会是一位奸诈诡谲、疑心重重的奸臣。

低调行事，天助谋士入皇室

　　曹操的一系列安民之举，虽然赢来了百姓的喝彩和威名，却得罪了从中谋取利益的宦官和地方豪强。曹操心知这些人早晚还是会找机会报复他，他又不愿意违背自己的意愿去迎合这些人，又考虑到多次触犯权贵，再这样下去，自己的全家恐怕也要受连累。为了避免这些人的打击报复，惹来不必要的灾祸，他辞去了济南国相的职务，申请回到宫中值宿，担任警卫，其实是想要赋闲。朝廷再次任命他为议郎，而曹操虽然表面上接受了这样的安排，却经常以生病为由不去上朝。

　　中平元年（公元184年），被剥削和压榨的底层农民终于爆发了。首领张角利用"太平道"这一宗教组织形式，在传道治病的掩护下，进行了十多年的准备工作，信徒多达几十万人。他们打着"苍天已死，黄天当立，岁在甲子，天下大吉"的口号，举行起义。

　　乱世造就英雄，迅速发展的时势为曹操提供了良好的契机。当关东州郡起兵讨伐董卓时，双方带兵在荥阳和河内一带胶着，战争艰苦，无暇顾及劳苦人民的反抗斗争。就这样，青州、冀州一带出现了百万之众的青州黄巾军和河北黑山军，借着关东州郡与董卓胶着之际顺势而起。

前面说到，东汉末年，时局动荡，政治腐败，宦官专制，社会危机日益加剧，阶级矛盾尖锐，可以说，这是一个异常动荡的年代，也是一个造就英雄的时代。乱世更能显示出能人的天赋异禀，而曹操就是在这样的局势下脱颖而出的。而在这一局势下，脱颖而出的英雄豪杰层出不穷，以黄巾军和黑山军为代表的农民起义军也成了当时的一股新势力，影响着整个局势的变动。

东汉末年的政权，实际上是西汉地主政权的延续和发展，豪强地主在政治上、经济上还是享有特权的，地主豪强势力一步一步发展，土地兼并加剧。而在地主阶级，豪强贵族的残酷压迫和剥削下，广大农民百姓过着牛马不如的生活。

外戚和宦官的势力更是不可小觑，这两个集团为了争夺控制中央的权力，互相排挤、残杀，使得朝廷处处是险境。前面也提到了，无论是外戚还是宦官，只要一旦得势，就会狠命地剥削和压榨人民，使人民遭受更为深重的灾难。

黑山军与黄巾军都属于农民起义军，黄巾军是一支以今河北、山西、河南三省交界处的太行山区为根据地的起义军，黑山即在今河南浚县西北的太行山脉中。最开始统领黑山的领导人叫张牛角，张牛角战死之后，褚燕继任，改名张燕。这个人勇猛彪悍，捷速过人，人称"飞燕"。张燕有很强的组织能力和超凡的领导能力，起义军在他的带领下，很快就成为了一支不容小觑的力量。

到了中平二年（公元 185 年），朝廷任命曹操为东郡太守。虽然朝廷对曹操付以重任，但是曹操心里很清楚，如果现在出任东郡太守，很有可能被权贵打击报复。于是，为了避开权贵的打击，也是为了等待更好的时机，他决定用以退为进的方式，避开这样的安排。他上书以自己身体不佳为由，辞掉了这次任命，回到了故乡谯县。

朝中很多人都不能理解曹操的这一反常做法，明明是三十出头的青年，风华正茂，仕途也算顺利，应该正是大展宏图的时候，却辞官不做了，实在是不可理解。可是，谁也不知道，这次的决定是曹操深思熟虑过的。

在曹操的家乡谯县，有一个谯陵寺，是曹操远离政治风云的那段日子所居住的。他想过一阵平静的生活，回到家乡之后，就在这里居住下来，盖了一座幽雅的书屋，春夏习读书传，秋冬射猎健身，文武并进，积蓄力量，等候时机东山再起。

但是，他不问政治，不代表两耳不闻窗外事，其实他时刻关注着政事的变化。不过，这样的日子并没有维持多久，因为局势动荡的需要，他还是被征召出山了。

中平三年（公元186年）冬，韩遂杀边章等人，率领军兵十余万，进军陇西围攻官军。太守李相如反了朝廷，与韩遂联合，共同杀了凉州刺史耿鄙。耿鄙帐下的司马——扶风人马腾也率兵反叛，起兵响应韩遂。一时之间，反叛之声四起，朝廷震惊且恐慌，天下一阵混乱，而在这危急时刻，朝廷到处网罗人才，曹操便是在这危急关头被召为校尉，被任命为八校尉之一的典军校尉，成为带兵的武官。

这次的任命算是如了曹操的意，他原本的理想就是成为将军，当上列侯，这下机会来了。典军校尉的任命对曹操的诱惑力实在是太大了，他很快地结束了那段隐居的生活，怀着激动的心情上京了。

这样一来，曹操的手中就有了兵权，成为了一些人羡慕和拉拢的对象。中平五年（公元 188 年）五月，术士襄楷对冀州刺史王芬说："天象的变化不利于宦官，黄门、常侍真是到了灭族的时候了。"王芬信以为真，为了保障自己的利益，勾结了南阳许攸、沛国周旌等人，还笼络了一些地方豪强，以黄巾余部黑山义军攻掠郡县需要起兵镇压为借口，给灵帝上书，请求灵帝北巡河间。他想借着灵帝北巡的机会发动政变，趁机废除灵帝，诛杀宦官，另立合肥侯为帝。当时，曹操手握兵权，自然也成了他们笼络的目标，他们来约见曹操，并把计划告诉了曹操。希望曹操可以给予一定的支持。可是，曹操听后冷静地分析了当时的形势和条件，认为这个计划必然会失败，于是毫不犹豫地拒绝了。

他对来者说道："夫废立之事，天下之至不祥也。古人有权成败、计轻重而行之者，伊尹、霍光是也。伊尹怀至忠之诚，据宰臣之势，处官司之上，故进退废置，计从事立。及至霍光受托国之任，藉宗臣之位，内因太后秉政之重，外有群卿同欲之势；昌邑王即位日浅，未有贵宠，朝乏谠臣，议出密近：故计行如转圜，事成如摧枯。今诸君徒见曩者之易，未睹当今之难。诸君自度：结众连党，何若七国？合肥之贵，孰若吴、楚？而造作非常，欲望必克，不亦危乎？"

此番话大意为：废立皇帝之事，是天下最不祥的事。古人确实有成功的例子，权衡成败，计较轻重而后行事的只有伊尹和霍光。伊尹当时心怀至诚的忠心，又有宰相的权势，位列百官之上，所以计划才得以成功，废掉了皇帝。而霍光，先后受到了先帝托国的重任，又凭借皇室宗亲的地位，有太后秉政，群臣同心，而且当时昌邑王没即位太久，没有太多的亲信，这才让他方便计策的施行。而你们各位，只看见了古人成功的容易，却没想清楚当前的困难。希望各位想想，你们结众连党，与七王之乱有什么区别？合肥侯的地位，比起吴王刘濞、楚王刘戊怎么样？你们做的是非常之事，按照这样的意愿来成就大事，不是很危险吗？

这段分析冷静沉着，言之凿凿，头脑清醒，深谋远虑，从古今的形势和废除灵帝立合肥侯的主客观条件上进行分析，均认为此计划势必失败。其实，从字面意思上来看，可以看出，曹操并不反对废掉灵帝，只是觉得时机不够成熟而已。果不其然，不久之后，王芬等人的阴谋败露，王芬畏罪，弃官逃亡，在逃亡途中自杀。

在黄巾起义之后，灵帝意识到了军队的重要性，便日益留心军事。在当时起义军四起，天下大乱的情况下，决定组建西园新军，用以稳固拱卫首都。中平五年（公元188年）八月，在西园成立统帅部，这就是所谓的"西园八校尉"。宦官蹇硕是灵帝最宠信的人物，被任命为上军校尉，连大将军何进也得听他指挥，是实际上的全国最高统帅。虎贲中郎将袁绍因为是"四世三公"的后人，加上他家又曾和宦官袁赦攀过本家，被任命为中军校尉，也就是副统帅。此外，鲍鸿为下军校尉，曹操为典军校尉，赵融为助军左校尉，冯芳为助军右校尉，夏牟为左校尉，淳于琼为右校尉。前面说到了，曹操任洛阳北部尉时，曾棒杀蹇硕的叔父，而这次曹操能够打进新军并任要职，使得蹇硕被迫与这位十四年前的仇人共事，当然，除了曹操本人的胆识过人，有勇有谋，树立了良好的名声之外，他祖父和父亲所带来的影响也起到了一些作用。

此刻，曹操成为了东汉皇室的核心武装将领，对于他来说，这在仕途上又迈出了最重要的一步，在一定程度上，可以说是以退为进的策略得逞。曾经的理想变成了现实，使他的志向发生了质的变化，他开始有了匡扶天下的雄心，这也预示着曹操绝不甘心就止步于此，为他未来在政治舞台上的作为打下了基础。

第三章
乱世操兵，智勇双全破局势

静观其变，操练兵团候时机

初平二年（公元 191 年）秋天，数十万黑山军进攻冀州的心脏——邺城。之后，又南渡黄河，进攻与魏郡毗邻的东郡，东郡太守王肱无法抵御，势力相当强大。而此时，青州的百万黄巾军因受到袁绍委派的青州刺史臧洪的威逼，兵分两路向河北移动，想要与黑山军会合。两支大军若是会合，那么黑山军的势力就会从河北扩展到河南，黄河中下游双方的力量就会产生巨大的变化。关东的将领虽然充满了矛盾，却不愿意看到这一幕的出现。身为冀州牧的袁绍，更是害怕农民起义军的会合威胁到自己的统治。

曹操运筹帷幄，他迅速将部队从酸枣开进东郡，并在东郡的治所濮阳打败了黑山军的白绕部，取得首战的胜利。袁绍还以为曹操是为了帮助自己这个盟主才出的兵，对曹操的举动满心欢喜。其实，曹操此举的目的很明显，一是为了镇压黄巾军，博得朝廷的好感；一是可以借机发展自己的势力，为将来做打算。袁绍并没有察觉到曹操的意图，反而任命曹操为东郡太守，用意是借助曹操守住冀州的南大门，同时还可以用东郡作为跳板，将自己的势力扩展到黄河以南，以使冀、青、兖三州连成一片，这样一来，黄河中下游地区就完全置于袁绍的掌握之中了。

当时的袁绍力量强大，不是曹操能轻易扳倒的人物。所以，曹操只好与之相安无事，并顺从袁绍的意思，顺水推舟地接受了袁绍的任命，做起了东郡太守，又将东郡的治所从濮阳迁到了东武阳，并推荐鲍信做了济北相，作为自己的帮手。曹操虽知袁绍的意图，却不慌不忙，静观其变，以伺机制服袁绍。

坐领兖州，征黄巾入队建底

初平三年（公元192年）春，曹操在顿丘屯军（今河南清丰）。黑山军首领于毒趁机攻打东武阳。曹操得知后，并没有急于回军援救东武阳，而是率军直指黑山军的基地——西山。这一决定遭到了大部分人的反对，就连手下的将领们都纷纷要求应该先救东武阳，曹操此时就显示出了他独具慧眼的军事家智慧。

他说："于毒听说我攻击他的基地，一定会回军迎战，东武阳的包围自然解除。如果他不回军，我们就攻取他的基地。于毒的军士知道后，必将军心大乱，就更没法动摇东武阳了。"

果不其然，于毒得知情报后，立即舍弃东武阳，回救西山，结果途中遭到曹操的伏击，大败而归。曹操趁机进抵内黄（今属河南），破了黑山军眭固部众以及南匈奴汗国流亡单于栾提于扶罗一部，这样一来，东郡的地盘算是保住了。

夏天来临，青州的黄巾军再次渡过黄河北上，在东光附近遭到公孙瓒主力的伏击，损失十余万兵士，而后又浩浩荡荡地向兖州推进。

话说，兖州刺史刘岱刚要准备迎战，济北国相鲍信前来劝阻，并分析道："如今，黄巾军人多势众，咱们硬拼的话不占上风，而且，黄巾军向来不带粮草，完全依靠战胜敌军或者抢夺民粮。这样一来，我们不如固守城池，黄巾军求战不能战，攻城又没有器械，时间久了自然无功而返。待时机成熟，我们便出动精锐之兵，在关卡险要的地方攻击黄巾军，便可以大获全胜。"

然而，谋略虽好，刘岱却不以为然，非要亲自率兵出战，结果大败而逃，途中还被黄巾军生擒，枭首示众。

此时，兖州无主，群龙无首。曹操的属下陈宫对曹操说道："当下，天子的诏令断绝，不如由我去说服州府高级官员，推举您出任州牧，用来当作资本，再向外发展，夺取天下，这样可以成就霸王大业。"曹操自然很高兴。陈宫遂去游说，向别驾、治中等建议："而今天下四分五裂，如果迎接曹操来任州牧，定可造福百姓。"鲍信本也早有此意，就跟州治中万潜等前往东郡，迎接曹操来担任兖州牧。

但是，天下霸业岂是那么容易就能取得的？黄巾军骁勇精悍，人数众多，而曹操的兖州部队，人少且疏于训练，难成大事。曹操急起补救，加强训练，严格赏罚，不断施用奇兵诡计，昼夜进攻，每次都有斩获。但，曹操的局势仍然不容乐观。

有一次，曹操带兵外出巡视，结果误入青州军的营地，被青州军打了个落花流水，不经意间的疏忽就导致曹操损失了几百人的兵力。而后，又在寿张（今山东阳谷）与青州军交战，结果也是大败而归。他的忠诚追随者鲍信也不幸在一场战斗中阵亡。曹操得知了这样的噩耗后，失声痛哭，还曾高价悬赏，一定要找到鲍信的尸体，结果还是没能找到。曹操只好让工匠用木头雕刻成鲍信的模样，穿上衣服去安葬，曹操亲自祭奠，失声动容。

这样的苦战一直持续了半年多的时间，曹操才迎来扭转失败局面的机会。当时，青州军虽屡次胜利，但也伤亡惨重，又正好遇到了饥荒，大大减弱了战斗力。曹操正是看准这样的时机，趁机劝其投降，还提出了丰厚的条件。在曹操的软硬兼施之下，加上青州军的士兵叫苦连连，终于全部投降。曹操正式收编了青州军，挑选身壮力强的士兵编入了自己的部下，而且命名为"青州兵"，这次他收编了三十余万士兵以及一百多万百姓。

同年冬天，曹操刚收编青州军不久，袁术和公孙瓒联手，开始攻打曹操和袁绍。龙凑（今山东平原）一役，袁绍击溃了公孙瓒的主力。

次年正月，袁术进军陈留，与曹操正面作战。正在双方相持之际，荆州牧刘表趁机从后方偷袭袁术的根据地南阳，并切断了袁术的粮道。袁术的部队不战而溃，向襄邑（今河南睢县）、宁陵（属河南）一带退却。曹操趁胜追击，连战连胜。袁术退到淮北，攻下寿春（今安徽寿县），并自任扬州牧。

然而，袁术西面受到荆州刘表的威胁，东面也不可能在徐州取得发展，于是想利用江东籍的将领孙策来经略大江以南作为根据地，此举直接导致了后来孙策的渡江南下。却没想到，孙策此举并没有帮袁术建立根据地，反而给东吴政权奠定了基础。

虚张声势，黑山军惨败而归

黄巾军攻破兖州，进入濮阳城。当时濮阳城的东郡太守王肱也是兖州刺史刘岱手下的将领，因刘岱与上一任东郡太守桥瑁不和，杀了桥瑁，让王肱继任桥瑁做了东郡太守。刘岱被杀，东郡太守王肱也被杀，提振了起义军的士气。为了一鼓作气扩大地盘，张燕继续打造战舰，收集民船，准备渡过黄河，杀入青州，扩大地盘并增加影响力，吸纳更多的人加入黑山军。

这时，已是仲秋时节，秋高气爽，正好用兵。张燕安排手下把船停稳，并趁机鼓舞士气，向士兵发号施令。就这样，三十万大军同时登舟，一时之间，各船像是离弦之箭，直逼津义渡口。可谁知，船到了岸边被沙滩搁浅，无法向前，士兵们只好下船，准备涉水登岸。

不料，大堤之上，一声炮响，忽然刀枪林立，旗幡蔽空，一排排官兵从四面八方冒出，密密匝匝排满堤埂。黑山军的将士还没来得及反应，只见堤上的官兵拉开弓搭箭，一时间利箭像暴雨一样飞来，沙滩之上，黑山军来不及躲闪，倒下了一大片。后来者纷纷停下不敢上前。

原来，曹操早就料到黑山军要扩大自己的地盘，便密令夏侯惇带领五万人马，多备弩箭，在堤外埋伏多时，等到黑山军一上岸。趁其立足未稳，一声炮响，令军士全力杀出，打了黑山军一个措手不及，占了个大大的便宜。

张燕因士兵上不了岸而心中窝火，一看又被曹操伏军袭击了个正着，心中火气无处去撒，于是暴跳如雷，亲自带兵冲向大堤。夏侯惇见时机已到，把手中令旗一挥，五万人马齐出，居高临下，势如高屋建瓴，直向水边压来。黑山兵卒见官兵势不可当，纷纷后退，四处乱窜，逃向黄河对岸。

张燕气急败坏，命令士兵们不许后退，可是，眼前的局势已不可控制，他一连刺死几个登船的士兵也无法阻止败退的局势，他也只好反身回到船里，命令船工调头，先到对岸再作打算。谁料，对岸渡口处，绵绵数十里的大堤上，处处都是官军。刀枪剑戟下，十分令人心寒。

要知道，当时的曹操才刚刚起兵不久，人马不多，根本没有这么强大的兵力去抵抗黑山军。原来，曹操早已算计好了，他深知黑山军的士兵大部分都是北方人，并不精通水性，只要这些士兵不上岸，曹兵就有足够的把握战胜黑山军。

但是，如何让黑山军上不了岸呢？曹操想了一个计谋，他命令曹仁在渡口的两侧绵绵数十里的地方插上旌旗，立上稻草人，用来虚张声势，只要不靠近，根本辨不出来真假。而每处只留下少数的人马挥动旗帜，用来以假乱真，吓唬黑山军。

张燕一行本来就被刚才的利箭之阵吓得魂飞魄散，这下又见到岸上布满了官兵，根本来不及分辨那官军是真是假，赶紧命令船工转头向东驶去，打算再行登岸。

哪知，曹仁的部下有两万扬州健儿，自小就精通水性，早就在这里做好了准备。曹仁见黑山军已到，便挥舞令旗，两万扬州健儿脱了上衣，手持短刀，一齐潜入水中，那些黑山军在水里挣扎了几下，便沉入水底，此战黑山军几乎全军覆没。

张燕自小生活在河边，水性极好，人又聪明，刚一入水，便感知大事不妙，趁机脱了铠甲，官军不敢接近，让他逃走了。随后，他投靠了黄巾军，而剩下的黑山军都被曹军整编。

临危受命，讨黄巾凯旋而归

由于黄巾起义军大部分是广大底层农民百姓，因此受到了广大群众的极大拥护。可谓是"旬日之间，天下响应"。他们到处焚烧官府，镇压贪官污吏，给了统治者沉重的打击。起义军分别从冀州、颍川和南阳形成对首都洛阳的威胁。

京师洛阳面临着前所未有的威胁，为了镇压起义军，汉灵帝选派将帅，调动全国的精兵前去镇压。曹操跟随左中郎将皇甫嵩和右中郎将朱儁在黄河以南镇压黄巾军，以解除其对京师洛阳的威胁。

黄巾军的首领张燕听闻曹操兵临城下，心中不免有些惊慌，便召唐周前来商讨迎敌之策。唐周是起义军的谋士，自黄巾南征以来，屡战屡胜，全靠唐周出谋划策。但是唐周这个人居功自傲，自以为深谋远虑，足智多谋，天下人无一可与之相比。如今，打到这兖州，正是一展宏图，成就霸业的时机。曹操的事迹，他也有所耳闻，如今曹操带兵前来，心中有了一个想法：如果能说服曹操，与自己的兵力相容，共反汉室，那么当今天下还有谁是对手。于是，他不以为然地对张燕派来的下人说："告诉张大帅，只需要坚守州城即可，我自有破敌之计。"

唐周瞒着张燕，私下里写了一封信给曹操，试探曹操的态度。谁想，曹操接到书信之后，还没读完就狠狠地把信摔在地上，怒骂道："唐周异想天开，竟然要我投降于他。来人，把这个送信的拉出去砍了！"

这时，一向沉稳的郭嘉急忙上前阻止了他，说道："主公，不必动怒，唐周也是一番好心，还望主公从长计议呀！"说完，他便向曹操使了个眼色，曹操立刻明白了过来，郭嘉这是想在这封信上作文章了。于是，曹操急忙换了一副脸色，吩咐侍卫好好款待来使。来使出去之后，郭嘉对曹操说了一番，曹操听后大喜，取过笔砚，亲自回了一封信。

唐周接到来使带回来的信，越看心里越嘀咕，反复读了数遍，面露犹豫之色，便将使者唤来询问："曹操如何待你？"使者答："开始时，曹操读信暴怒，而后又转怒为喜，还用酒菜款待了我。"

唐周听后，冷笑两声，说道："曹操果然可恨，竟然想骗我出城！此乃三岁顽童之技，怎能骗我？"于是，他亲自到张燕的营内商量，打算来个将计就计，活捉曹操。

张燕正苦于无法退敌，听了唐周的周密计划，大为喜悦。唐周的话音刚落地，张燕便要领兵出城，还扬言要亲手活捉曹操，以报津义渡口之仇。唐周不慌不忙道："我猜想，曹操一定以为我无备前往，伏兵不会太多，何必大帅亲自出马呢？只需要令赵莽带上八千精兵，这场仗必获全胜。"张燕觉得有道理，便同意了。

紧接着，唐周把神头将军赵莽唤来，特意交代好了计划。第二天一早，赵莽带着八千精兵，直奔樊地而去。十几里路程，眨眼就到了。天色渐渐亮了，赵莽远远就望见一座土台，高约一丈，上竖"曹"字大旗。只有一员大将，身披红袍，腰悬佩剑，威风凛凛，立于台上，好像是在等待着什么，其他数百兵卒，稀稀落落，散在周围，赵莽暗喜道："果然不出军师所料！这数百军卒，算得了什么？此番该我赵莽成此大功！"

红袍将军站在高台之上，岿然不动。赵莽断定此人就是曹操，便把大锤一抡，八千精兵一边呐喊着"活捉曹操"，一边轮番猛冲。岂料，曹操由台后出来，高声大笑道："唐军师，你已中了我的计，还不下马投降！"

话音未落，曹操便将手中的令旗一挥，后阵一声炮响，无数官军像是从地下冒出来的一样，拥上前来，口中呐喊着："活捉唐周！"

原来，他和郭嘉商量，要用计引诱唐周出城，又不能露出破绽让唐周看穿。于是，就分为两计进行，如果唐周见了曹操的信之后，信以为真，那么唐周一定会轻装上阵，前来赴约，五百精兵足以将其拿下；如果唐周怀疑，那么必定会派大队人马前来捉拿曹操，便派曹仁率两万精兵，趁夜深静悄悄开至樊地，偃旗息鼓，埋伏下来。待得炮响，即刻杀出，全歼黄巾人马，活捉军师唐周。只可惜，这招"计中之计"只抓住了个神头将军赵莽，没能活捉张燕和唐周。

沉稳冷静，暗度陈仓杀入城

话说，曹操与黄巾军的几次较量都胜负难分，时间久了，大家的实力也都被对方所了解，打起仗来更加困难。

有一次，他的人马把张燕、唐周的黄巾军困在任城里，打算调集兵力将对手一举歼灭。结果，没想到这件事反倒让曹操骑虎难下了。

黄巾军的军师唐周说："任城城高壕深，易守难攻，现在我方粮草充足，兵多将广，九万大军，丝毫没有受损。曹操虽然有十万大军，实力与我们不相上下。就算他现在把我们围困在这里，也奈何不了我们什么。只要我们坚持防守，就能拖垮对方。等到数月之后，他们就会难以为继，士气低落，毫无斗志。我们趁机再杀将出去，定能大获全胜。"

听了军师唐周的建议，张燕非常赞同。于是，他传令将士，严守城池，不得擅自出战，违令者军法处置。结果，曹操兴师动众地带着众将前来攻城，苦战十几天，不仅没有攻破城池，反而损兵折将，死伤无数。

张燕和唐周二人将这一切看在眼里，心中扬扬得意，看来，曹操正中自己计策。但是没过几天，唐周正闲暇品茶读书之际，忽然有人来报说："曹操的大部队正在运土填河呢，也不知道曹操这是搞的什么诡计。"

唐周听后，急忙放下茶杯，派人邀请张燕一起亲自来到北城墙上查看情况，只见曹操的士兵在护城河边，挑担提筐，把黄土填进护城河里。可是，护城河水流很急，一筐土倒进去，转眼就被冲得无影无踪。虽然曹操的兵将众多，但却毫无效果。

唐周大笑起来道："这不是精卫填海吗？无济于事。"说罢，他又附在张燕耳边说了一番，张燕恍然大悟，连忙竖起大拇指，"妙计！妙计！"

这天夜里，张燕挑选了数十名善于潜水的兵卒，悄悄从城墙顺下绳子，带着挠钩，潜入河中，把刚刚填进去的土给挠掉，顺着河水流走了。顷刻之间，曹兵白天所付出的努力全都白费了。

第二天一早，张燕、唐周二人再次登城观看，果然看见河床像昨天一样，曹操的兵队又开始搬运土填河。唐周冷笑一声说道："曹操就算是把泰山搬来也没用，我们不用管他们。只要养精蓄锐，时机一到，准备攻出城去就行了！"如此一连几天，曹兵白天填土，晚上黄巾军再用挠钩把它扒拉开。这样一来，曹兵白天所做的事情对护城河没有一丝影响。

有一日，曹操带着几个兵，亲自来到护城河边，面容严肃，亲自鼓舞士气，命令兵队涉水过河。张燕急忙命令部下放箭，曹兵没走几步就被射中倒下，其他人纷纷向后退去。曹操无奈之下，只好停止进攻，继续让士卒担土填河。唐周笑道："曹操这下计穷了，我们可以高枕无忧了！"

哪知，就在这天夜里，唐周被一阵满城厮杀的声音惊醒。亲兵来报，说曹兵已经入城。唐周感到不可思议，急忙穿上衣服，提了佩剑，出去一看，果然，曹兵已经从南城涌了进来，举枪持戟，呐喊震天，灯笼火把照得全城像白天一般。

原来，这阵子的担土填河，只不过是曹操在明修栈道，而真正的暗度陈仓却是另有计谋。明修栈道，目的是为了麻痹黄巾军，让张燕的军队有所松懈；而暗度陈仓则是曹操悄悄命曹仁的部下，每人准备谷草一束，等到三更半夜的时候，挑选几个善水的官兵，潜入护城河内，把一根根竹竿、木棒等在河中胡乱插立，又让士兵从南城上游把谷草抛下。这样一来，等谷草顺着水流漂浮下来时，就会被竹竿和木棒挡住，渐渐堆起一座草桥。待到时机成熟，曹操就命令许褚、典韦率五百将士悄悄跨过浮桥，架起云梯，爬上城头。

而此时此刻，黄巾守卫城门的官兵正睡得香甜，却不知灾祸已经降临。一时之间，许褚、典韦占据了南城，打开城门，放下吊桥，曹仁大队人马像水流一样涌入，呐喊厮杀，向北推进。这也正是唐周听到的一阵厮杀声，而此时，张燕还在衙中酣睡，听说南城被陷，曹军入城，自知大势已去，急忙出衙上马，带领部下亲兵，打开北门，放下吊桥，逃出城去。黄巾军听说将领从北门逃跑，纷纷丧失了斗志，果然是兵败如山倒，弃城而逃。

古时候，刘邦从汉中出兵攻打项羽，大将军韩信曾故意明修栈道迷惑对方，其实暗中绕路突袭陈仓而取得了胜利。而曹操正是借鉴了刘邦这一招"明修栈道，暗度陈仓"的军事计谋，一举夺下了城池，击败了黄巾军。此招主要用明显的行动迷惑对方，致使敌人受到干扰，也指暗中行动。可见，曹操精通军事计谋，能够熟练地运用兵法，聪明至极，很有谋略。

以假乱真，黄巾中计进颍川

再说，黄巾军的另一支由大将波才率领的军队，可以说是骁勇善战，几个回合下来，把朝廷派去镇压他的朱儁将军围困在城内，一时难以脱身，只得派人向朝廷请求支援。曹操领命之后，披星戴月赶去支援，很快就与朱儁的军队合为一体。

朱儁见曹军赶来支援，连忙升帐召集部下将领，共议破敌之策。这些人有的主张坚守，有的主张硬拼，一时之间议论纷纷，朱儁皱着眉头，摇头不语，一时拿不定主意。大家都表明了自己的立场，只等曹操说话，朱儁看向了曹操。

只见，曹操不慌不忙地说："大家不必惊慌，末将自城外踏营而来，路过敌军的营寨时，已经有所观察了解，心中已有计策，此次必定用计破他！"随后，曹操按照心中所想把计谋说了一遍，朱儁听后大喜，连称好计，命令曹操依计而行。

当时，正是春末夏初的时候，天气状况不稳定，白天干燥炎热，到了夜里，黑得伸手不见五指，而且阴云密布，狂风阵阵，飞沙走石，天气十分恶劣。

黄巾军那武艺高强的波才，仗着自己人马众多，也经历过几场厮杀，都以胜利结局，根本不把曹操的援军放在眼里。此刻，官兵都缩在城里不敢出来，而他又将城门死死围住，只要城内的粮食吃完，士兵气势一败，便可攻城。

这天夜里，夜黑风高，士兵们都不敢出来，波才觉得曹军不会在这样的恶劣天气下行动。于是，召集大小头目聚在大营里，饮酒取乐，直到半夜三更才醉醺醺地睡去。

谁料，曹操专挑这不好的天气下手，已经趁其不备采取行动了。此时只听帐外有人大喊："着火了！着火了！"

波才顾不得头晕脑涨，急忙起身跑到帐外，举目观望，大寨内火光四起，大小营帐都纷纷起火。火随着风势越来越旺，烧得士兵们四处逃窜，难以招架。

原来，黄巾军用来扎帐篷的材料都是柴草。而粮食和烧柴又放得满地都是，毫无章法可言，军士也没有一点儿防范之心。曹操踏营路过此处，看到这一幕便想到了火攻之计。

波才见状，吓得一身冷汗，正要指挥士兵灭火，却不料四面的城头上突然出现星星点点的火把，旌旗蔽空，刀枪耀目，锣鼓呐喊之声不绝于耳。一彪人马如风驰电掣，从城内冲出。

顷刻间，火光闪烁，只听战马嘶鸣刀枪相击，好似江河奔涌，铺天盖地，黄巾军的将士之间并不熟悉，仓皇之间，更是谁也顾不得谁，眼看一个个被官兵砍倒，慌乱之下竟然毫无抵抗之力。

有些机灵的黄巾军翻山越岭，直奔黄巾军的大营颍川城逃去。波才见势，也只好逃命而去。其实，曹操早就料到他们会朝着颍川逃走，为了一举全歼黄巾军，事先设定了一个计中计：

他让曹仁手下几名机灵强悍的士兵换上俘虏的黄巾衣饰，装扮成黄巾军，趁机打入敌人的内部。等到双方交战的时候，黄巾溃败，哪还顾得上谁是谁，颍川城内的兵卒见败兵如潮水般涌来，全都是头裹黄巾，一样打扮，慌忙之间也不能分辨真假，也就开了城门，把他们放进城。就这样，曹军毫不费力地进入了颍川城里。

曹仁的部下一进城，便勘察地形，侦查敌军的兵力部署，还有的趁机打探敌人的实力。那些黄巾军以为是自家兄弟，便毫无保留地告诉了他们。曹仁手下把情况摸清后，便画成了草图，附上书信，相约时间，里应外合，攻陷了颍川城，颍川黄巾军也就此全军覆灭。

第四章
高举义旗，讨伐董卓拥军天下

宫廷内乱，董卓趁机占京师

中平六年（公元 189 年）四月，汉灵帝刘宏在南宫嘉德殿病逝。年仅十四岁的皇子刘辩于汉灵帝死后第三天登基，史称汉少帝。汉少帝的母亲何皇后被封为皇太后，何皇后借此机会临朝主政，大赦天下，改年号光熹。

汉少帝又封皇弟刘协为渤海王，时年九岁。擢升后将军袁隗（袁绍的叔叔）为太傅，跟何皇后的哥哥、大将军何进共同主管朝廷政事。但是，在此之前，汉灵帝临终前，已将宫内大事和刘协托付给宦官、上军校尉蹇硕。这就导致了两股力量同时在朝中较量的局面。原本，何进与蹇硕的矛盾就很深，相互看不顺眼，这下更是激化了二人的矛盾。蹇硕本来打算先诛杀何进，再拥立刘协登基。不知道是从哪儿走漏了消息，没有成功。

何进掌握了军政大权之后，非常痛恨蹇硕的阴谋，打算在私下里报复蹇硕，更想把宦官一网打尽，全部诛杀。蹇硕本来也是个聪明人物，早已料到何进不会就此善罢甘休，便急忙联络几位宦官密谋杀死何进。结果，没想到这几位宦官为了自保，出卖了他，蹇硕最终被何进逮捕处死。

七月的时候，汉少帝刘辩改封皇弟刘协为陈留王。中军校尉袁绍再次向何进建议诛杀全部宦官。何进正有此意，但他不敢贸然行动，所以前来求见何太后，何太后并没有给出明确的意思，何进一时难做决断。

过了几天，袁绍见何进不敢采取行动，就换了个方式建议何进征召四方著名的军事将领及英雄豪杰，使他们率军向京师进发，同时威胁何太后点头同意。何进觉得这个建议不错，可主簿陈琳却对此持反对态度，他认为这样做是为了掩人耳目。

此事同样也传到了曹操的耳朵里。典军校尉曹操听说后，对何进说："宦官自古至今都有，问题在于君王不能太宠信他们，更不要让他们掌握实权，而不是要杀掉他们。再说了，既然是要惩治罪犯，只要诛杀元凶就行了，何必大动干戈呢？这种事交给一个军法官就够了，何必兴师动众，以致威胁到朝廷？要消灭全部宦官，涉及面广，消息必定会传到他们耳中，这种事情是注定要失败的！"

何进认为曹操是在与自己作对，怒从心生，对曹操恶狠狠地说道："曹孟德，难道你也心怀不轨吗？"曹操见何进已怒，只好趁机退下，但私下却对旁人说："扰乱天下的人，必定是何进。"

最终，何进还是选择消灭宦官。他让董卓率军直逼京师。董卓的军团是汉、羌、胡各族的混合武装集团，这种军队没有经过特殊的训练，军纪非常涣散，甚至是野蛮，到处掠夺。而为首的将领董卓也是生性残暴，狡诈无情，贪得无厌。

朝中大臣听闻董卓要进京，都劝阻何进，这是在引狼入室。可是，何进像是被什么迷昏了头脑，硬是让董卓进城。此消息一出，引起了宦官们的极度恐慌，以张让为首的宦官决定先下手为强，在八月二十五日那天，何进前往长乐宫晋见皇太后，张让等人用计骗他，在嘉德殿斩杀了何进，随即紧闭宫门。

宦官杀死了何进，这一消息迅速传遍朝野。袁绍、袁术得到消息后，趁机率军杀入内宫，迅速斩杀宦官两千多人。张让等宦官被逼得走投无路，只好裹胁皇帝刘辩和皇弟刘协步行逃出谷门（洛阳正北门），向北方逃命。而董卓大军遥望洛阳大火冲天，知道已发生政变，立刻命令大军急进，在北芒阪（邙山北侧）下，与张让和皇帝刘辩一行人相遇，董卓来了个螳螂捕蝉黄雀在后，带着皇帝刘辩重新回京。

杀出洛阳，讨伐董卓不手软

董卓拥帝进京后，便仗着武力废掉了汉少帝，而后又立陈留王刘协为汉献帝，自封为丞相，独揽军政大权。董卓的凉州军更是飞扬跋扈，野蛮残忍，肆意屠杀，毫无军纪。但是，虽然董卓掌握了大局，却自知兵力单薄，步骑兵也才不过三千人。而当时曹操在洛阳掌握着一部分兵权。董卓为了扩大势力，极力地拉拢曹操，还许他为骁骑校尉。

曹操深谋远虑，十分聪明，他知道董卓这样带兵长久不了，因此不愿意跟他合作。恰逢袁绍逃离京城，投奔冀州（今河北中部），袁术也自知董卓恐怖，弃职投奔南阳（今属河南）。曹操趁机也逃出了洛阳。董卓听说曹操逃走，气急败坏，咬牙切齿地要派兵追捕，而且还发出了通缉令，通告附近各州县。

曹操逃出洛阳后，为了躲避追捕，隐姓埋名，沿着小路朝着家乡的方向赶路。当曹操路过一个县城时，境内有一名亭长发现他行踪可疑，便把他扣留起来，送到了县衙里。那时，县衙里已经收到了董卓发布的通缉令。县令怎么也没想到亭长送来的嫌疑犯正是曹操本人。这时，县衙里的人事官（功曹）认出了此人正是曹操，可他不但没有让县令抓捕他，反而对县令说："现在天下已经大乱，何必再迫害天下的英雄豪杰呢？"县令一想，当下时局这么不稳定，也没必要拘留这位英雄豪杰，便把曹操给放了。

曹操侥幸逃过一劫，更是快马加鞭，向自己的家乡谯县奔去，终于在当年的十二月到达距谯县不远的陈留郡（今河南开封陈留镇一带）。

陈留镇距离洛阳有两百多里，在东汉全盛时期，陈留郡的住户达十七万户，八十六万人口，在当时算得上是大郡。陈留郡的太守张邈，原本与曹操、袁绍都是好友。陈留郡隶属兖州，当时的兖州刺史刘岱是士大夫集团中极力反对董卓的人物。因此，曹操抵达陈留之后，就获得他们的保护，得以在陈留郡己吾县（今河南宁陵西南）一带招募军队，以待进讨董卓。

前面讲到，曹家家财万贯，曹操在兖州境内也有一部分财产，他把这些家产拿出来作为招募和训练军队的费用。当时，陈留的孝廉名叫卫兹，家里也有不少家产，而且对曹操非常支持。曹操担心自己的钱财不够，便设宴请卫兹商谈此事。

酒足饭饱之后，曹操开门见山地说："朝中皇帝的势力很弱，又很被动。如今，董卓弄权，欺君害民，天下人神共愤。我想力扶社稷，可我的力量实在薄弱，你是忠义之士，我想请你帮个忙！"

卫兹拍手叫好说："曹公真是说到我心里去了。我早就有这样的想法，只是一直没有找到匡世英主。如今你有如此宏伟大志，我愿意拿出全部家产来助你一臂之力。"曹操听后大喜，连忙发布告，驰报附近郡县，然后竖起招兵大旗，上面写着"忠义"二字。

却没想到，仅仅几天的工夫，应征而来的人从四面八方赶来，人数竟达三千多人，而这里面就有日后曹操帐下的大将乐进、李典和夏侯惇、夏侯渊兄弟等英雄豪杰。曹操的堂弟曹洪、曹仁闻讯也带着两千余人从谯县和江淮赶来投奔他。瞬时，曹操拥有了五千人马，兵力充足，士气激昂。于是，他便正式打出了讨伐董卓的旗号。此举得到了全国反董卓势力的支持，也让曹操讨伐董卓的帷幕正式拉开了。

讨伐失败，辗转征战谋出路

曹操征募得五千人马，比起董卓的三千余人在实力上更占优势。但是，董卓在朝中独揽大权，实力不容小觑。

董卓为了扩大自己的势力范围，想要笼络袁绍，就派他做渤海（今河北南皮东北）太守。袁绍趁机说动冀州牧韩馥，同时还联络了关东（函谷关以东）州郡，于初平元年（公元 190 年）正月共同征讨董卓。

各路诸侯纷纷前来响应，总共加起来有十七人之多。因为袁绍的势力最大，声望在外，大家都推选他为盟主，袁绍自称车骑将军，其他将领都被他以朝廷的名义授予了官职，曹操也在其中，被封为奋武将军。

同盟会上，大家都慷慨激昂地发誓，要除掉董卓，匡扶汉室。欢宴祭祀之后，袁绍针对当下的实力作了一下布署：袁绍跟河内（今河南武陟）郡守王匡驻军河内；冀州牧韩馥留守邺城（今河北临漳）负责后勤粮草供应；豫州刺史孔伷驻军颍州；兖州刺史刘岱、陈留郡守张邈、张邈弟广陵（今江苏扬州）郡守张超、东郡（今河南濮阳）郡守桥瑁、山阳（今山东金乡）郡守袁遗、济北国（今山东长清）相鲍信全部屯扎在酸枣（今河南延津）；后将军袁术则驻军鲁阳（今河南鲁山）。曹操虽然拥有五千余的军队，可没有属于自己的根据地，不得不受陈留郡守张邈的辖制，随他驻扎在酸枣。

各诸侯联盟的消息瞬间传入洛阳，董卓听后惊恐万分。他抓紧时间调集重兵加以防守，还不顾朝中大臣的反对，准备迁都长安（今陕西西安）。为了有足够的经济支撑，他设法把洛阳城的富豪都聚集到一起，随便安了个罪名便全部处死，然后没收了他们的财产，随后又把全城数百万的百姓都驱逐出去，前往长安落户。

洛阳城与长安相距二百五十多公里，路途遥远，董卓命步骑兵在后驱赶这些百姓，结果人们相互拥挤，不免出现踩踏事件，又加上数日的饥饿和恐慌，导致大家开始相互掠夺，沿途尸横遍野。董卓坐镇洛阳，纵火焚烧皇宫、官舍、民宅，顷刻间，繁荣豪华的东汉国都洛阳城就变成了一片焦土，鸡犬不留，一个月之后，汉献帝刘协终于在董卓军的挟持下，来到了长安。

而董卓坐镇洛阳，迎战联盟军。结果，联盟军虽人数众多，但各首领都是热衷于割据的军阀，彼此之间的合作意识薄弱，又恐怕董卓的凉州军削弱自己的军队实力，各怀异心，谁也不愿带头出击。

曹操分析了当前局势，认为此刻出兵机不可失，便要求联盟军立即出兵。他义愤填膺地说道："我们诛杀篡逆，发动义兵，大军已经联盟，还有什么可迟疑呢？如果董卓利用皇帝的权威，困守洛阳，向东征讨，那么对百姓的暴虐也是残酷的，对我们的伤害也是巨大的。可是，如今董卓烧掉了皇宫，劫持了天子，四海之内，他已是亡命之徒，上天灭亡董卓的时候已到，大家一战就可以平定天下。"曹操慷慨陈词，情深意切，可无人响应。"你们不出兵，我出兵。"曹操义愤填膺地离开了聚会厅。当夜，他便召集夏侯惇、夏侯渊、曹洪、曹仁等商议，决定单独出兵。

第二天一早，曹操便带领人马，前往洛阳。张邈接到报告，对曹操又同情又敬佩，但为了保存自己的实力，只命卫兹带领一千人协助曹操。曹军抵达荥阳（今属河南）汴水，受到董卓部将徐荣的阻击。两军初次交锋，曹操因兵力薄弱，又是未经严格训练的新兵，后方又无援军，被打得落败而回。

曹操狼狈地逃回酸枣，看到那些联军首领整天只知吃喝玩乐，根本无心作战，感到非常气愤。他对张邈等人说："如果大家能采纳我的计划，今天一定能击败董卓！请袁绍率河内部队，进逼孟津，酸枣的军队据守成皋（今河南荥阳），控制敖山——粮草所在地，封锁辕山岭（今河南偃师南）、太谷口，占据外围险要，然后请袁术率南阳部队，攻击井水、析县（今河南内乡北），直入武关（今陕西商县内）。各路大军兴筑高大坚固的城堡，严密防守，不跟凉州军团作正面冲突，而只派出游击部队，展示反抗力量的优越形势，静待董卓内部变化。我们名正言顺地讨伐篡逆，胜负立分。现如今，联军以正义为名号召天下，却迟迟不肯讨伐董卓，令我深感羞耻！"

然而，张邈等人并不认同这个方案，曹操对联盟军感到绝望，但又苦于自己的实力单薄，加上经过荥阳一战，曹操军士损伤太多，必须马上进行补充。于是，他就和曹洪、夏侯惇等前往扬州、徐州等地招募新兵。

随后，在扬州刺史陈温、丹阳（今安徽宣城）郡守周昕的支持下，招了四千余新兵。却不料，到龙亢（今安徽怀远西北）集合时，新兵发生了哗变，火烧了曹操的营帐，差点把曹操烧死。曹操从大火中冲杀出来，大部分新兵早已逃散，决心跟随曹操的只有五百多人。后来，在轾县（今安徽宿州西南）、建平（今河南夏邑西南）两地又重新招募到一千多士兵，加上曹洪的家兵和汴水之战剩下的士兵，约三千余人。曹操毫不气馁，带着这支军队，赶往河内，投奔袁绍去了。

群雄并起，拥有第一块地盘

话说，曹操率兵来到了袁绍之处，驻扎于此，袁绍热情地款待了他。两人共谋大计，曹操坚持要求出兵讨伐董卓，但袁绍却一句不提出兵的事。他反问曹操："假如讨伐董卓不成功呢，你还怎么立足？"

曹操急问："那您到底有什么打算呢？"

袁绍向曹操使了个眼色，便说道："我……准备另立一个新的……"他详细地说明了自己的计划，打算拥立幽州牧、皇族刘虞做皇帝，袁绍希望曹操能够支持他。

曹操听罢，坚决不同意这样的计划，并且从自身进行了分析，分析了利害关系，最终，袁绍不为所动。曹操只好说道："既然各位打算北向刘虞称臣，我便独自向西讨伐董卓！"

袁绍没能得到曹操的支持，转身就向自己的堂弟袁术寻求帮助。哪知，袁术的野心更大，想要自己当皇帝，恐怕立刘虞会对自己的处境不利，于是竭力反对。刘虞本人也坚决拒绝袁绍的请求，袁绍等人只好作罢。

此时，冀州牧韩馥见天下英雄豪杰都纷纷投靠了袁绍，心中不免有些妒忌，便暗中减少了粮草供应，打算迫使袁绍的部队因粮草不足而退走。却没想到韩馥的部将鞠义突然叛变，而韩馥讨伐失败，丧失了主动权。袁绍与鞠义联合，又联络幽州降虏校尉公孙瓒南下进攻冀州，胁迫韩馥让出冀州，自任冀州牧，割据河北，逐渐在黄河中下游形成了一股强大的力量。

初平元年（公元 190 年）至初平二年（公元 191 年），是形势最为动荡的一年。原本联盟的关东豪强因各自心怀鬼胎导致混战，各路将领你争我夺，自相残杀，展开了历史上旷日持久的大混战局面，再加上董卓迁都之乱，导致百姓的大量死亡和地区破坏。山东、河北地区原本就发展迅速的青州黄巾军和河北黑山军更是借势发展了起来。

初平二年（公元 191 年）秋，以于毒、白绕、眭固为首的黑山农民军，以迅雷不及掩耳之势向冀州的心脏——邺城推进，进攻之势不可阻挡，有跨过黄河进攻兖州的意图。

当时，青州的黄巾军数量庞大，有一百多万人，因受到青州刺史臧洪的攻击，兵分两路向河北移动，想要与河北的黑山军会师。若是两军会合，那么黄河中下游的形势，就会被农民起义军占据上风。

因此，不管联盟军内部的矛盾多大，此时此刻必须集中兵力来阻止农民起义军的合并。袁绍既想用堵截的方法阻挡两军会师，又想借此机会将自己的势力向外扩大到兖州，使青、兖、冀三州连成一片，这样一来，黄河中下游的势力就全部受他的控制。但是，要完成这一步战略意图，不得不借重曹操。

袁绍以东郡郡守王肱不能抵抗黑山军为由，派曹操带兵进入东郡，围剿黑山军。此时的曹操很被动，他带着部队在河内寄居，没有属于自己的固定地盘。济北国相鲍信对曹操说："袁绍现在虽手握大权，又是联盟军的首领，但是却利用职权，图谋私利。这样的做法会使天下更乱，未来必会成为第二个董卓。我们目前没有阻止他的能力，若是公开作对，就会徒然树敌。看这种情况，黄河以北，不宜久留，且到黄河以南，观察变化。"

曹操非常信服鲍信的分析，便率军进入东郡，在濮阳与黑山军对战，打败了黑山军的白绕部队。袁绍又以盟主的资格，任命曹操为东郡郡守。自此，曹操以东武阳（山东省莘县南）为郡城，而在这混乱的军阀战争中，曹操终于有了一块属于自己的地盘，为发展自己的势力做好了铺垫。

第五章
逐鹿中原，奉迎天子令诸侯

权衡利弊，进军徐州打陶谦

初平四年（公元 193 年）春，曹操驻兵鄄城。这是一个非常重要的军事基地，处在黄河边上。自从曹操任兖州牧后，就将治所从昌邑迁到这里。而恰好这时刘表逼近袁术的南阳城，并切断了南阳城的粮道。袁术只好率军来到兖州陈留，驻兵封丘。而黑山军和匈奴于夫罗的残部也纷纷投靠了袁术。袁术派部将刘洋驻守封丘东北的匡亭，曹操得知后，便立即采取措施，经过深思熟虑，决定攻打刘洋，夺下匡亭。

袁术听闻此消息，震惊不已，匡亭一旦失守，封丘将再也保不住。为了夺回匡亭，袁术亲自率兵援救刘洋。两军交战，烽火连天，袁术大败而归，不得不放弃匡亭退守封丘。曹军士兵一鼓作气围攻封丘，袁术难以抵抗，连忙放弃封丘逃往襄邑。

虽然袁术连连败退，被打得落花流水，但曹操仍然没有止步，乘胜追击，决开河渠要水淹袁术军团。袁术只好继续逃往宁陵。曹操死死地咬住对方不松口，袁术被曹军追得一路逃窜，直到逃到九江才停下来。

此次战况捷报连连，让曹军的士气大涨，而且在对己军有利的情况下，不断地扩大战果，将袁术赶到远离兖州的地方，彻底地解除了兖州南面的一大威胁。

　　这年夏天，曹操率军回到定陶。经过再三权衡，曹操决定对徐州牧陶谦发动攻击。陶谦，字恭祖，丹阳人，曾任卢县令、幽州刺史、议郎等职。后又因参与镇压徐州黄巾军有功，被任命为徐州刺史。董卓掌权时，他并未参加联盟军的行动，因此被董卓任命为徐州牧。

　　前面说到，曹操进攻陶谦，是经过了再三考虑的。

　　首先，当时公孙瓒和袁术二人同袁绍之间产生了巨大的矛盾，在立场上，陶谦支持公孙瓒和袁术，并曾经派兵配合公孙瓒攻打袁绍。按照当时的立场站位来讲，曹操与袁绍联盟，自然是与公孙瓒和袁术为敌，把矛头指向敌人陶谦，也是顺理成章的事情，而且有利于团结袁绍。况且，这一带的河北地区的黑山农民起义军活跃了起来。于毒曾率兵数万人攻占冀州的治所邺城，并杀死了魏郡太守。刘石等人率领的起义军及张燕率领的黑山军也活动频繁，匈奴、乌桓也一度来犯，袁绍忙于应付这些军队，根本无暇顾及南方的情况。因此，攻打陶谦是曹操责无旁贷的任务。

　　其次，曹操有着极强的利己主义，他考虑到徐州紧靠兖州，与青州一样从东面、东北面对兖州形成了包围之势。陶谦、田楷、刘备等人不仅对袁绍构成了威胁，也对曹操形成了压力。初平四年（公元193年）五月，下邳人阙宣聚众数千人造反，自称天子。陶谦曾与阙宣联合，发兵攻击兖州，攻占了华县和费县，掠夺了任城。

　　曹操的父亲曹嵩之死与陶谦有着脱不开的关系，曹操一心想要找陶谦报仇。权衡利弊，曹操决定出兵攻打陶谦。

浑水摸鱼，妙计出逃化险为夷

曹操不仅与陶谦有杀父之仇，而且，在当下的形势中，陶谦成了阻碍曹操大展宏图的绊脚石。兴平元年（公元194年），曹操第二次东征讨伐陶谦。此次出征，本是胜券在握，却没想到曹军进入徐州后，吕布趁曹操后方空虚，钻了个空子，率兵占领了濮阳。

曹操听后立即赶回濮阳。刚到濮阳城外，城中一位田姓大户就给曹操送来了一封密信，信中说道："吕布进城后，烧杀掠夺，残暴不仁，老百姓非常痛恨，请曹公今夜攻城，本人愿做内应。"信中还说明了攻城的暗号。曹操心中暗喜，认为这是上帝在帮他。却不料，这一切都在吕布的掌控之中。

当晚，曹操命人带着人马悄悄潜入濮阳城，一切都非常顺利。谁知，田氏与曹操的密谋早已被吕布知晓，吕布就正好借此施计，让曹操毫无防备地进城，其实他在城中早已埋伏下兵马。曹操的兵马一冲进城，竟然没见到一个守卫。这时，曹操心中大惊，不好，中计了！慌忙撤退，却为时已晚。

只听一声炮响，东西南北四座城门忽然燃起了冲天大火，各处埋伏的兵马纷纷杀了过来。曹操一行兵马很快被冲散，各自逃命去了。

当曹操单枪匹马逃到东城门时，吕布从远处骑马奔来。曹操一看，躲是躲不过去了，便急中生智，放慢了马步，低着头慢慢地走着。吕布来到曹操面前，用剑敲了敲曹操的头盔，问道："曹操在何处？"曹操假装非常害怕，半遮着脸，哆嗦地随便一指，便说："那边有个人骑着一匹黄马，就是曹操。"当时天黑人杂，吕布也没看清面前这个人就是曹操，于是便信以为真，催马疾驰而去。曹操趁机逃出城外。

在这样的危急关头，曹操用浑水摸鱼的妙计为自己赢得了生机。他曾多次利用此计谋迷惑敌人，获得逃生的机会。类似的经历还有他西征马超时，遇到危险，浑水摸鱼逃出。这在军事上，是一种乱中取胜的计谋。

战败吕布，兖州稳步扎根基

话说，曹操决定出兵攻打陶谦，攻入徐州境内，一连攻下十几座城池，而后抵达彭城（今江苏徐州）与陶谦会战。陶谦节节败退，一路逃往郯县（今山东郯城），也就是徐州治所固守。

曹操一路追到郯县，围攻陶谦，却未能夺下，只好撤退，一路攻陷虑县（今河南淮阳西南）、睢陵（今河南淮阳）、夏丘（今安徽泗县）等五城。眼看着曹操对徐州进行了大屠杀，陶谦又急又怕，一时之下，便向公孙瓒求救。公孙瓒收到消息，连忙派部下青州刺史田楷发兵救援，田楷深知曹兵的实力强大，恐怕凭借一己之力不能将其击退，便派人联系了刘备。

当时，刘备正帮着孔融攻打黄巾军，收到田楷的求救信后立刻马不停蹄去救陶谦。刘备当时的军队强大，光是自己集结的士兵就有几千人，再加上陶谦拨给他四千余人，合起来差不多一万多人。后来，刘备离开田楷时，都归附了陶谦。陶谦向朝廷推荐刘备为豫州刺史，驻屯小沛（今江苏沛县）。刘备有了很高的政治地位。而曹操的军粮差不多已用尽，只好撤回。

兴平元年（公元194年），曹操再次攻打徐州，一直攻到琅琊、东海各县。经历了这两次比较大的战役，陶谦的力量很明显被削弱了很多，曹操本想借着这个契机一举消灭陶谦的军队，但没想到的是，兖州境内发生政变，陈留太守张邈联络曹操部将陈宫，迎吕布出任兖州牧，共同抗拒曹操。遭遇这样的叛变，曹操只好撤兵回救兖州。

再说这吕布，本是董卓的部将，骁勇善战，董卓很是重用他，日常行动都会让吕布来当侍卫。但初平三年（公元192年）四月，司徒王允利用吕布与董卓之间的矛盾，策反吕布杀死了董卓。董卓旧部李傕、郭汜等联合起来，攻破长安城，杀死王允，劫持了汉献帝，追杀吕布。

吕布虽骁勇却疏于谋略，只好落荒而逃，率数百骑自长安出武关（今陕西商县东），去南阳投奔袁术，袁术拒绝了他。他又转而投奔袁绍，却被袁绍防备，但吕布与张邈关系甚密。此次，陈宫欲迎吕布出任兖州牧，张邈自然是同意了。

这张邈原本是曹操的好友，而曹操在陈留起兵时，是张邈的部下。现曹操出任兖州牧，张邈的角色转变，屈居曹操之下，心中多少有些不平衡，再加上张邈和袁绍关系本来就不和，他怕袁绍和曹操联合起来对自己下手，就趁曹操大军攻击陶谦时，先下手为强，想夺取兖州。

哪知，这张邈和陈宫叛离曹操而迎吕布的消息被荀彧获悉后，荀彧连忙把驻屯濮阳的东郡郡守夏侯惇调回鄄城（今属山东），趁夜就把与张邈、陈宫通谋的几十人给杀了，稳定了兖州的政治中心鄄城。与此同时，他又派程昱出使范县（今属河南）、东阿（今山东阳谷），鼓励当地官民据城坚守，一起等待曹操回军。程昱又派出机动部队，断绝仓亭津（位于范县的黄河渡口），使陈宫的军队不能渡河。吕布攻打鄄城不成，只能向西前进，驻屯濮阳。

曹操正带领军队从徐州调头往回赶，经过泰山时，听说吕布已经退屯濮阳，心中大快。曹操的手下却担心起来，此时兖州境内只剩下鄄城、范县、东阿三处是曹军据守，其余郡县全部都在响应吕布，如果吕布要想杀回来，也是很有优势的。

这时，曹操冷静地分析了当前的局势，对手下说："吕布此刻不据守东平，切断亢父、泰山要道，背靠险要，向我施加压力，却回到濮阳，说明他想得不够长远，不可能有大的作为。"

说罢，他决定要立即准备反攻濮阳。这次，曹操亲自率兵攻打濮阳，结果，却因巷战不利，大败而逃。

回到营里，曹操心情极其不好，又加上身上受了伤，情绪非常低落。但是曹操一想到自己还有一行队伍需要鼓舞士气，他便咬着牙忍着痛，亲自率军，鼓励大家要振作，还命令军士火速准备好进攻的武器。就这样，曹操与吕布僵持了三个多月，蝗灾大起，军民饥饿难忍，吕布的粮食也已见底。于是，双方各自撤退。

同年九月，曹操回到鄄城，吕布也退屯山阳（今山东金乡）。十月，曹操又率兵前往东阳。此时，冀州牧袁绍得知曹操的处境，便派人劝说曹操，建议他把眷属送到邺城（今河北临漳）。

当时的曹操兵力衰竭，正处于事业低谷，粮食也将不继，听到这样的建议便有意答应。可是，曹操身边的谋士程昱却拦住了他，说道："曹公，我一向认为，您在面对重大变故时，无畏无惧，怎么现在竟然这样胆怯，为什么考虑这么不周密？那袁绍虽然有吞并四方的野心，却没有征伐四方的智慧。您将来不会久居人下的，以将军的威力，如同龙虎，岂可步韩信、彭越的后尘？而今，兖州虽然残破，但我们仍有三座城作为基地，武装劲旅不下万人，以您的武功和谋略，加上荀彧和我，大家合力，可以成就霸业，请您思量。"

曹操仔细考虑了他的这番话，决定拒绝袁绍的建议。而后一年的时间里，曹操把重心放在对兖州郡县的陆续收复之上。

兴平二年（公元195年）夏天，曹操在巨野（今山东巨野南）又与吕布会战，几经周折终于击垮了吕布。吕布逃往徐州，张邈也随着吕布向徐州撤退。而此时的徐州牧陶谦已死，刘备继任。

张邈听说曹操要杀他的家眷，便想请袁术援救，结果自己反被部下所杀。兖州的地方势力基本上已被曹操肃清了，历经了数年的时间，经过数场战役，曹操总算把兖州的统治权掌握在了自己手中。

奉迎献帝，名利双握不慌乱

兴平二年（公元195年）二月，董卓的凉州军将领起内讧。李傕先杀死了右将军樊稠，又与郭汜互相攻杀。郭汜为了控制大局，欲将汉献帝挟持。李傕得知消息，抢先动手，劫走了汉献帝，烧毁宫殿。汉献帝让太尉杨彪、司空张喜等公卿大臣前往郭汜营中，试图让李傕和郭汜和解，却不料被扣作人质。就这样，双方在长安城内外混战了好几个月，造成了上万人死亡。

夏季，李傕部将杨奉叛变，率领不少兵力投靠他人，李傕力量大大被削弱。凉州军将领张济从陕县前来劝李傕和郭汜和解，双方同意和解，各自放出被劫持的汉献帝和公卿大臣，此战告一段落。

汉献帝获释以后，郭汜想让他住在长安东北的高陵处，此地理位置方便控制，但是公卿大臣及张济则认为应该前往弘农，双方僵持不下，汉献帝的本意是想东归洛阳，但也同意张济的建议，多次派遣使者去往李傕、郭汜两处提到这件事。最终，双方达成一致，汉献帝先就附近县城居住。后在群臣再三坚持下决定回洛阳，一路上汉献帝遭遇了前所未有的艰苦，终于在建安元年（公元196年）七月回到故都洛阳。

汉献帝起身回洛阳时，曹操已经击退吕布，正与固守雍丘的张超周旋，但结局毫无悬念，胜局已定。

献帝于兴平二年（公元195年）十月正式任命曹操为兖州牧。十二月，曹操拿下雍丘，兖州全境平定。

建安元年（公元196年）正月，曹操率军直抵武平，袁术所任命的陈国相袁嗣投降。在汝南、颍川两郡活动的黄巾军余部何义、刘辟、黄邵、何曼等人各拥兵数万，一心追随袁术，后又借助孙坚的力量，对曹操造成了很大的威胁。为免夜长梦多，曹操在二月对他们展开了猛烈的攻击，杀死黄邵，收降刘辟、何义，顺利地攻占了许县。

汉献帝来到洛阳后，曹操接受了毛玠的建议，打算将汉献帝迎至许县。其中，有些人对此做法十分疑虑，原因是关东尚未平定，韩暹、杨奉又是刚刚舟车劳顿、披荆斩棘护送汉献帝来到洛阳，而正北方的河内张杨，又未真正制服。但是，荀彧坚决支持曹操的想法，鼓励曹操这一举措。他说："从前晋文公接纳了周襄王，因而诸侯纷纷前来追随；汉高祖为义帝穿上白衣服发丧，因而天下的人都来归附。如今，皇帝流徙不定，东都洛阳又那样残破，忠义之士都有怀恋王室的心意，老百姓都有感旧的哀痛。如果能够借着这个机会迎奉皇帝，想必都是大家喜欢看到的。而您就可以用忠于帝室的行动来镇服各据一方的豪杰，我认为这是一个非常重要的策略。若是此时不采取行动，那么其他豪杰势必会产生想法，那时再考虑这样的问题，恐怕就来不及了。"

曾经与曹操要好的同伴沛郡人丁冲也在此时给曹操捎信来说："您平时常常表露出匡济天下、辅佐皇帝的志向，现在这个机会就摆在您眼前了！"程昱也认同了这样的想法。而这些谋士的意见正与曹操的心意契合，曹操立即采取行动，派曹洪带兵西迎献帝。

但是，计划虽好，实施起来却难上加难。当时卫将军董承和袁术部将苌奴凭险抗拒，致使曹洪步履维艰，无法前行。曹操为此也颇感无奈。他曾为此作诗表达自己的想法：

《善哉行》（其二）一诗抒写当时的心境：

我愿于天穷，琅琊倾侧左。虽欲竭忠诚，欣公归其楚。

快人由为叹，抱情不得叙。显行天教人，谁知莫不绪。

我愿何时遂？此叹亦难处。今我将何照于光曜？释衔不如雨。

"天穷"指的是"天穹"，即苍天。"琅琊"，山名，在今山东诸城东南。"左"，地理上以东为左。曹操借用琅琊山在东方倾倒比喻其父曹嵩在琅琊被陶谦所杀。

"欣公归其楚"所用的典故是《春秋》襄公二十九年"公至自楚"。用来表达喜献帝还洛之意。"抱情不得叙"，说的是迎汉献帝而不得之情。"显行"，指建立功业。"天教人"，指的是用天子的政令教化万民。"绪"，残，引申为失败。

这两句说的是自己的政治抱负得不到实现。而后两句，说的是自己的力量无法施展他的抱负，内心充满了无法消除的忧愁。比喻自己的思绪还不如雨，至少雨还有个停的时候。

我们不难看出，虽然曹操在事业上已经取得了很大的成绩，却仍然不满足于现状，仍怀着一颗壮志难酬的心，由此感到苦闷和痛苦。正是这股不甘现状的不满足感，使他越挫越勇，为了发展而不断地奋斗下去。

当时，围在汉献帝身边的将领主要有韩暹、杨奉、董承和张杨等人。韩暹和董承驻京师宿卫，杨奉驻守梁县，张杨驻守野王。虽然看起来这四个人有合作关系，但其实彼此之间的矛盾很大。曹操摸清楚了这四个人的矛盾关系，并打算利用这种矛盾关系破解他们的联合。

杨奉兵力较强，又驻守在洛阳以南，与许县邻近。于是，曹操打算先从杨奉入手，但是，曹操还不能过于直白地去拉拢他。于是，他请朝廷议郎董昭写了一封信给杨奉。信中这样说道："将军护卫皇帝，经过千难万险，终于回到了故都洛阳，辅佐之功举世无匹。现在天下不宁，皇位至重，必须群贤协力加以维护，不是单靠一个人的力量所能支撑的。将军可在朝内做主，我作为外援。现我有粮，将军有兵，正好有无相通，取长补短，生死与共。"

如此一来，杨奉就重新审视了自己的当前实力，虽兵力很强，但孤立无援，若是其他势力联合起来，他并不一定能顶得住。再加上汉献帝来到洛阳之后，宫室已被董卓烧掉，无处安置。百官只能找一些柴草，靠着断壁残垣搭帐篷居住；粮食更是不用说，州郡各拥强兵，根本不肯接济，群臣囊中羞涩，尚书郎以下官员都得自己出去挖野菜充饥，朝野上下，有的饿死在墙垣之间，有的被士兵杀死，眼下情况很不乐观。

就在此刻，曹操恰到好处地出现在杨奉面前，表示愿意与杨奉合作，并拿出粮食来接济。此条件可谓非常诱人，杨奉当即与诸将一同上表，请汉献帝任命曹操为建德将军，而后又升迁为镇东将军，再袭父爵为费亭侯。

曹操一时之间受宠若惊，也一度上表《上书让封》《上书让费亭侯》表示推辞，但汉献帝坚持任命，但是曹操实在不想袭任父亲的爵位费亭侯。直到坚持上了第三封《谢袭费亭侯表》，汉献帝才表示接受。这三份奏章言辞颇为谦卑恭顺，虽然大部分的表文都以谦恭为主，但在很大程度上，曹操那时候的谦卑还是发自内心的。

　　洛阳故都是块是非之地。洛阳的董承不满韩暹的专横跋扈，苦于无由整治他，便私下召曹操进京。曹操终于等来了进京的机会，立马亲自率兵赶往洛阳，朝见汉献帝。曹操上表请求治韩暹、张杨的罪。韩暹自知敌不过曹操，便急忙单骑逃出洛阳，到梁县投奔杨奉。汉献帝因韩暹、张杨在东迁途中"护驾"有功，便下令不再追究。而曹操也达到了自己的目的，担负起保卫京都和汉献帝的重任。

　　汉献帝授予曹操节钺，录尚书事，任司隶校尉。"节"即符节，是古代帝王派遣将相委以重任时，所用作凭证的一种信物，有了它就有了斩杀违犯军令者的权力。这是一种莫大的权力，意味着在曹操的手上有了生杀大权。"钺"是古代一种像斧的兵器，这里指帝王所专有的、代表征伐之权的一种斧钺，多以金银为饰，有了它就有了总统内外诸军的大权。"录"即总领诸事之意，"录尚书事"实即总揽朝政。自东汉以来，中央政府中号称三公的太尉、司徒、司空只是名义上的首脑，实际权力在尚书台，皇帝总是挑选亲信大臣任命为"录尚书事"。

　　可见，汉献帝对曹操的信任超于任何人。节钺、录尚书事，则军政大权都集中到曹操一人身上。此举一出，曹操在与其他割据势力的角逐当中，占据了明显优势。

迁都许县，挟天子以令诸侯

曹操总揽朝政之后，正式开始了自己的谋划。先是以汉献帝的名义，杀掉了侍中台崇、尚书冯硕等人，后又封卫将军董承、辅国将军伏完等十三人为列侯。但曹操深知，要想成就自己的霸业，这些远远还不够。要想真正做到"奉天子以令不臣"，还要继续⋯⋯

曹操请董昭来到自己的身边，小声地问他："如今，我已来到洛阳，下一步该怎么做呢？"

董昭回答说："将军起义兵以除暴乱，如今又来到朝中辅佐天子，这样的功绩相当于春秋五霸所建立的功业。然而，现在朝中将领各怀异心，未能真正达到统一，若是想继续留在洛阳匡辅朝政，必有许多不便。我认为，最好的办法是将天子迁到许县去。不过，如今朝廷已经迁都多次，现在又刚刚迁回洛阳，大家都希望能够稳定下来，如果再迁都可能会遭到大家的反对。希望将军能够权衡利弊，采取更合适的对策。"

董昭的一番话正说到了曹操的心坎儿里，虽然迁都许县有利于未来的发展，但是又担心守在梁县的杨奉百般阻挠。于是，董昭又献计说道："杨奉这个人我们是了解的，他现在孤立无援，肯定愿意跟将军合作。如今，您升为镇东将军，袭位费亭侯，这一切还得感谢杨奉在其中起到的作用。我们应该尽快派使者去答谢他，给他带一份大礼。我们可以对他说：'洛阳没有粮食，想暂时迁都到鲁阳去，这样，离许县就更近了。'杨奉这个人有勇无谋，必定不会察觉其中的意图。"

曹操认同了董昭的想法，并立刻派使者去杨奉那里答谢，杨奉果然信以为真，顺利地帮助曹操将汉献帝转移到了许县。

而等到事情落定，杨奉才回过神来，发觉自己上了当，大为恼火。他立刻伙同韩暹一起带兵追击，企图夺回汉献帝。哪知，曹操早已料定杨奉会前来追击，事先在阳城境内的山谷中设伏，将杨奉和韩暹的追兵打得落花流水。

而后，曹操为了摆脱杨奉的威胁，亲自率兵征讨杨奉，这次杨奉只能同韩暹一起带着余部南逃，投奔袁术。

杨奉手下有一名大将，河东人徐晃，字公明，颇有胆识。曾在当初劝说杨奉护卫汉献帝东归洛阳；而后韩暹、董承与杨奉闹矛盾时，又曾劝说杨奉归附曹操，如今一看杨奉大势已去，便投靠了曹操。

话说，曹操带领汉献帝迁都许县。当年九月，曹操被汉献帝封为大将军，封武平侯。大将军是将军中的最高称号，是为中央政府的执政者。

自从武帝以后，很少有皇帝任命此官职。因为皇帝少有最为信任、最有权势的大臣，这个权位又在三公之上，因此曹操可谓是得皇帝真宠。这个武平侯是县侯，汉代侯爵承秦制共分二十个等级，功大者封一个县，功小者封一个乡或一个亭。最开始曹操世袭的费亭侯，也仅有一个乡亭的封地，在侯爵中属于等级最低的，现在升为县侯，可以说是连升了若干级。曹操因循旧例，连连上表谦让。其中，《上书让增封》说："无非常之功，而受非常之福，是用忧结。比章归闻，天慈无已，未即听许。臣虽不敏，

81

犹知让不过三。所以仍布腹心，至于四五，上欲陛下爵不失实，下为臣身免于苟取。"

"天慈"指皇帝的恩惠。从文中不难看出，曹操这个时候的谦让仅仅是做做样子罢了，虽然文辞仍算恭谨，但与上书让费亭侯时已大为不同，这表明曹操已大权在握，势力已今非昔比了。

曹操升迁，其部下也得到了相应的封赏。荀彧被晋升为侍中，代理尚书令。尚书令为尚书台的长官。尚书台本就是皇帝私府中掌管收发文书的小机关，尚书台常由地位比尚书令更高的官员加上"录尚书事""领尚书事"的头衔来加以总管，之前说到曹操被封为"录尚书事"，此时他的这部分职权已经移交给了荀彧。可以说，曹操外出征伐时，朝廷中枢的大政就交由荀彧来调度处理。而汉献帝自这时起，基本已沦为曹操手中的傀儡。

人心昭昭，争图霸业显野心

汉献帝在东迁时，曾因路途周折，几次困乏。曹操经常向汉献帝进献一些食品和器具。汉献帝到达洛阳时，曹操还曾向他进献过帐篷两顶、丝线十斤、山阳郡所产的甜梨两箱、椰枣（一种青黑色的枣）两箱。汉献帝后随曹操迁都许县，曹操仍然延续之前的进献习惯，其中就有顺帝时赐给他祖父曹腾的家藏器物，还有一些宫中流失的器物。由此，曹操成功讨得了汉献帝的欢心。

可以说，曹操不仅是政治上的决策者、军事上的拱卫者，而且在皇帝的后勤和生活方面也在某种程度上充当了主管的角色。在许都建都初期，百废待兴，曹操也费尽心思，使朝廷有了正常的政治秩序和生活秩序。同时，在某种程度上，这也是曹操"挟天子以令诸侯"的政治优势。

曹操为了获得汉献帝的欢心，耗费了不少心思。而此时，汉献帝随曹操迁都许县，曹操的政治势力日益增强，个人声望也是与日俱增。虽然汉献帝仍是皇帝，但真正的掌权者已经是曹操了。有些"汉室旧臣"察觉到了这一点，恐怕曹操会谋反，私底下对曹操颇有微词，再加上汉献帝认刘备为皇叔，这让曹操颇为恐慌。于是，为了探明群臣的政治态度，他再一次向程昱寻求建议。

谋士程昱思索片刻，问曹操说："现在您盛名在外，为何不借此机会成就霸业以图天下？"曹操说："朝廷的重臣还很多，不可轻举妄动。我想借着邀请天子外出打猎，趁机看看众大臣的反应如何，然后再做决定。"

这天，曹操挑选良驹、苍鹰、黄犬、弓箭，事先在城外聚兵，然后进宫请汉献帝出城打猎。汉献帝从未听到过这样的建议，便迟疑了一下说："外出打猎恐怕不符合王道吧。"曹操说："历朝的帝王都定期进行打猎，所谓春蒐、夏苗、秋狝、冬狩是也。也就是说，一年四季都要按时行猎，以向天下昭示皇帝的威武。如今，天下诸侯纷争，更是向天下人昭示陛下英武的时候，要让四海之内俱皆臣服！"汉献帝明知道曹操的意图，却不好多说什么，只能跟着曹操出城了。

曹操骑着爪黄飞电，率一万士兵，与汉献帝在许田狩猎。军士们排开围场，足足有三百多里。曹操与汉献帝并马前进，却比皇帝超出一个马头；前后左右都是曹操的心腹将校；其他官员虽有异心却只能远远跟随，无法靠近曹操和汉献帝。

只见，曹操和汉献帝并排刚转过一个土坡，忽然看见从荆棘丛中跑出来一头大鹿。汉献帝连忙弯弓搭箭，连发三箭，都没有射中。他无奈地回过头来，对曹操说："还是请丞相射吧。"

曹操伸手向汉献帝要来了只有皇帝才配备的宝雕弓、金箭，"嗖"的一声射去，正中鹿背，大鹿应声倒下。三百多里军士皆报告是金箭所射，群臣将校闻听是金箭射中了目标，都以为是汉献帝射的。于是，高呼"万岁"，祝贺汉献帝。

哪知，曹操却挡在汉献帝前面，接受众大臣和将士的欢呼。众臣一看，不禁哑然失色。曹操此番做法，分明是在试探众臣的政治态度。而在一旁的关羽看在眼里，极为恼火，提刀拍马便要斩曹操，却被刘备用力拉住。

刘备趁机讨好曹操道："丞相果然好箭法，世间罕见啊！"曹操扬扬得意，高兴地说："哪里哪里，全是仰仗天子洪福。"但他言语间却没有一丝谦卑之意。外出打猎结束，群臣在许都大宴。宴后，曹操也不提归还皇帝的宝雕弓、金箭之事，仍然挂在自己的腰间。

曹操此举实际上是通过许田射猎，试探众位大臣的人心向背，趁机树立个人威信，足以见得曹操智谋过人。

"打草惊蛇"意为当不了解敌情，摸不清楚状况时，通过各种侦查手段把情况大致了解清楚，这样的做法可以发现暗藏在深处的敌人。在军事上，"打草惊蛇"是一种探查敌军军情的策略。在政治谋略中，也是很好的警告之策。

曹操见众大臣不敢公开反对他，大致心中已经明白了当前的局势，朝廷上下已无人敢与他为敌，他更加地肆无忌惮起来。

审时度势，抓紧时机讨吕布

自从曹操将吕布从兖州赶走之后，心中一直放不下吕布这个心腹大患。但是，迎汉献帝、屯田事农、南征张绣等紧急事务要处理，无暇分心顾及吕布，而是采取了以防御为主的方针。后来，吕布投靠了曹操，与刘备二人都在曹操手下谋事。但是，很快，一件事的发生改变了这种局面。

建安三年（公元 198 年）春，吕布钟爱的马被刘备的部下抢走。这件事让吕布无法忍耐，加之与曹操的关系并没有理想中那么好，于是乘曹操第二次南征张绣的机会，背叛曹操，重新与袁术建立了盟友关系，并派遣中郎将高顺和鲁相张辽攻打刘备。

原本曹操对于吕布的这次反叛并没有过多的精力去关注，考虑到要对付北方的袁绍，而打算派出有限的兵力去对付，后来荀彧、郭嘉和荀攸等人建议他不要轻视吕布，他这才改变了主意。

曹操回到许都之后，收到了袁绍的一封书信，信里的内容言辞不恭，惹得曹操大怒。袁绍知道曹操在宛城被张绣打败，东边又患吕布之忧，而自己占据河北地区，地广人众，兵强马壮，正是得势之时，因此态度傲慢。众人疑惑曹操发怒的原因，荀彧回答说："曹公英明睿智，决不会为已经过去了的事情伤神费力，应该有什么别的事。"

荀彧拜见曹操，询问到底发生了什么事情。曹操这才将袁绍的信拿出来让荀彧和郭嘉过目，并气愤道："袁绍不仁不义，我们本来应该起兵讨伐他，但奈何现在四方受制，力量恐怕敌不过，这如何是好？"

荀彧思来想去，认为不该先打袁绍。因为袁绍虽兵强马壮，但并不会有什么大作为，倒是吕布他日若成一方势力，势必会影响曹操政治大统的理想。于是，他建议应先攻打吕布。在场的郭嘉也支持荀彧的意见，认为如果不打败吕布，未来袁绍来攻时，吕布必然会去支援袁绍，到那时，一切都来不及了。于是，众人建议曹操乘袁绍北击公孙瓒的机会，赶快发兵东征吕布。

曹操审时度势，结合谋士荀彧、郭嘉等的意见，考虑到现在攻打吕布，袁绍分身乏术；如果现在攻打袁绍，那么吕布就会伺机出动，到时候陷入两难的境地就不好了。于是，他下令东征吕布。

他先是给马腾、韩遂等人送信说明自己的意图，要求两人按兵不动，并将他们的儿子送到许都，侍奉献帝，其实是为了充当人质。在此期间，也有不少人持反对意见，认为袁绍虽然一时之间无暇顾及南边，但是刘表、张绣还在南面虎视眈眈。若是趁曹军远征吕布时，他们趁机袭击许都，那么后果不堪设想。但是荀攸力排众议，认为刘表、张绣刚刚被打败，不会轻举妄动，而吕布骁猛，又仗恃袁术相助，如果让他纵横于淮、泗之间，一些豪杰必然起而响应。现在趁他刚刚反叛、众心不一的机会，前去攻打，必然成功。

最终，谋士荀彧、郭嘉、荀攸的意见趋向一致，曹操感到非常高兴，在经过认真分析后，认为时机已经成熟，就立即做出了东征吕布的决定。

九月，曹操亲率大军向东进发。而此刻，吕布已经攻占小沛。刘备孤身而逃，家眷也被俘虏。而且，果然不出荀攸所料，由于吕布的势力逐步扩大，在泰山郡一带活动的地方军阀臧霸、孙观、吴敦、尹礼等人都纷纷归附了吕布。曹操听闻，更是加快了东进的步伐，于梁国与刘备相遇，共同进击吕布。

曹操得知，吕布将所有兵力集中在彭城，并打算长期固守在此。于是，快马加鞭赶往彭城。

此时，谋士陈宫对吕布献计说："如今，曹军正向我们赶来，我们应该趁着他们远道而来疲惫之际，来个迎头痛击。这样，我们就可以一劳永逸了。"

吕布却不同意这样的计划，他对陈宫说："且不用这么着急，不如等他们前来进攻，当他们横渡泗水时，我军发起突然袭击，一举就可以将他们消灭在泗水中。"陈宫听后也不便再多说什么。

哪知，曹操的军队赶到之后，得到了充分的休息和准备时间，还没等吕布做出反应，曹军就已经进军渡过了泗水。接下来，曹军势如破竹般地将彭城拿下，吕布的如意算盘落了空，仓皇逃走，退守到彭城东南方向的下邳。

曹操审时度势，寻找良机，趁机而入。但是吕布却不听属下意见，屡屡错失良机。从这一方面来看，二人未来的实力和成就高下立判。

关门抓贼，曹军步步占下邳

话说，吕布与曹操在彭城一战，吕布仓皇逃走，退守下邳。曹操的谋士荀彧和郭嘉都认为，应该趁此机会，一举消灭吕布势力以除大患。论形势，吕布虎踞曹操东部，对曹操构成了很大的威胁。因此，曹操决心除掉吕布。建安三年（公元198年），曹操认为时机已经成熟，决定兴兵进攻吕布占据的下邳。

出兵之前，谋士程昱对曹操说道："吕布现就下邳一处，若是我们逼得太紧，他一定会与我们决一死战的。若是败了，吕布必定投靠袁术。要是吕布与袁术联手，对我们不利。"

曹操点头说道："确实如此，我们应该怎么办呢？"

程昱像是早有计谋，胸有成竹地说："我们可以利用'关门抓贼'这一招，必定可以打败吕布。首先，我们派一名大将，守住通往淮南的要道，切断吕布与袁术的联系，防止吕布投靠袁术，同时加强对山东区域的防范，谨防他们来袭击。剩下的，我们就可以放下心打仗了！"

曹操也正有此意，便按照程昱的建议实施。他派刚刚投靠来的刘备，带领着孙乾、关羽、张飞等将士守住通往淮南的道路，自己则亲自带兵攻打下邳。

很快，曹军便把下邳围得水泄不通。曹操日日逼近，无奈之下，吕布派秘使张辽、郝萌乔装出城，向袁术求援。袁术摆摆手拒绝，说："先前吕布杀死了我的使者，毁掉婚约，现在又来求我，我可不会上当。"张辽连忙解释说："过去的事全是中了曹操的奸计，如今，为表诚意，我家将军已准备把女儿送来做人质。"袁术反诘道："若不是被曹操攻得太急，他才不会把女儿送来！"

郝萌见袁术不愿出兵，便赶紧说道："若是您不肯出兵相救，我们也没有办法，但您应该听过唇亡齿寒的道理，这样做对您也没有什么好处。"袁术被郝萌这么一讲，确实感到了一丝忧虑，他答应吕布，让其将女儿送来当人质，就发兵。

张辽、郝萌顺利说服了袁术，一刻不敢耽搁，立刻回到下邳，向吕布一一说明了情况。吕布为表诚意，决定亲自送女儿出城。第二天深夜，吕布将女儿用绸缎包好，又在外面护上一层甲，绑在背上。然后对妻子说道："你们放心在城里等着，我很快就会带着援军回来，把你们都救出去。"说完，他提戟上马，冲出城门，径直向淮南奔去。

哪知，吕布行踪被关羽和张飞知晓，拦住了去路。交战几个回合之后，吕布无心恋战，趁机逃走，选择另一条路，却不想又被刘备和孙乾拦住斯杀了一番。吕布虽勇，却因有女儿在身，不敢硬冲，无奈之下，又退回了下邳。

下邳里里外外被围得水泄不通，吕布寸步难行，又无法搬动救兵，只好整日与妻妾饮酒消愁。这时，吕布的几位大将对他的行为极为不满。部将看着自己日渐减少的粮食和惶恐不安的士兵，几人便商议："吕布如今消极不堪，没有丝毫勇士之风，整日与妻妾饮酒。而我们被他晾在一旁，不如我们生擒了他，投靠曹操！"几人商量过后，便纷纷认同了这样的做法，暗地里与曹操取得了联系。

曹操得到消息，心中暗喜。第二天一早，便下令紧逼下邳。吕布见城外攻势极猛，便亲自上城楼督战，从早上一直打到中午，曹军才减弱攻势。停歇之际，吕布在城楼的椅子上睡着了，哪知，这一睡，宋宪、魏续趁机把他捆了起来。随后，打开城门，放曹军入城。很快，曹军就占领了整个下邳。

曹操这招"关门抓贼"是一步一步把吕布逼上绝路的。用围城和消磨吕布的意志扰乱其军心，最终拿下下邳，在白门楼上斩了吕布、陈宫。

南征内定，擒杀张吕定局势

自从挟持汉献帝迁都许县之后，曹操一直头疼的问题就是无法解决军队的粮草问题。而后征得大家的意见，开始在许都周边实行屯田。

屯田的第二年，曹操看到军粮的问题得到了很大的改善，便开始准备向南阳用兵，讨伐张绣。张绣据守的南阳，距离许都很近，威胁也是最大的。而曹操知道，张绣早已和荆州的刘表联合，打算进攻许都，抢夺汉献帝。

当年正月，曹操率大军攻打张绣，但是张绣忌惮曹军的威胁，顺势投降了。曹操这一仗，还未打便胜利了，这让曹操一时之间有点得意忘形，竟然把张绣的叔母娶来做了小妾。张绣感到这是曹操在羞辱自己，而且，张绣的部下都看到过去主将的妻小被曹操霸占了去，这让张绣受了奇耻大辱，愤愤不平。

十几天后，张绣决定密反曹操。张绣率军奇袭了曹军大营。而曹军大营丝毫没有防备，被打得落花流水。曹操的大儿子曹昂战死，侄儿曹安民被杀，曹操在部下的掩护下逃走。左右卫士所剩无几，护卫队长典韦也受了重伤，张绣的士兵冲上去准备活捉典韦，典韦奋力搏击，最终战死。曹操幸而死里逃生，回到许都，痛定思痛，决定再次讨伐张绣。

当年冬天，曹操率兵击败了张绣和刘表的联军，收复部分失地。到建安三年（公元198年）三月，曹操第三次进军并围攻张绣的根据地——穰县（今河南邓县）。此战役耗时两个月，久攻不下，正在双方僵持之际，突然闻讯袁绍要趁机袭击许都。曹操惊惶失措，决定放弃穰县，抓紧时间班师回救，而张绣率军追赶，想要给曹军致命一击。刘表的援军也向曹操夹击而来。曹操曾写信给在许都的荀彧说："我到安众（今河南镇平），一定会大败敌军。"

不出所料，曹军很快抵达安众，腹背受敌，形势对他极为不利。曹操急中生智，命兵士在夜间暗凿地道，把军械粮草都运了过去，并埋伏了奇兵。天亮之后，张绣和刘表一看城中没人，以为曹操逃跑了，便率领全军追击。曹操忽然率军反扑，伏兵也趁机杀出，前后夹击，把张绣、刘表杀得大败而逃，而曹操也得以顺利回到许都。

曹操回到许都之后，便收到了袁绍的一封战书。信中多是傲慢的言语，还把曹操大大地嘲弄了一番，还说很快就要发兵许都。曹操忧虑，便叫荀彧、郭嘉二人前来商量大计，并拿出袁绍的信给他们看，说："袁绍如今拥有冀、幽、青、并四州之地，地广人多，兵力强大。虽然此刻我们应该以攻为守，发兵去平定他，但奈何我现在力不从心啊！"

荀彧摆摆手说道："主公您不必过于忧虑，如今能够与主公争天下的，也就只有袁绍，其他人都不足虑。袁绍虽然外表强大，但却无法驾驭群臣，自然不能与主公相比。"

郭嘉补充道："而且，主公肯定明白一个道理，当初刘邦和项羽相比，力量相差悬殊。但为什么项羽会失败呢？关键在于刘邦能够以智谋胜项羽。"于是两人建议："我们认为，您不如趁着袁绍正北击公孙瓒的机会，尽快收拾掉吕布。若是现在不取吕布，一旦袁绍攻过来，与吕布两面夹击，使我们腹背受敌，我们就真的没胜算了。"

曹操听后，认为两位谋士的分析非常有道理。于是，一方面派钟繇去安抚西北诸郡县，稳住关西，一方面调集兵力准备进攻吕布。再说吕布自从与曹操争夺兖州失败以后，便在徐州投奔了刘备。但吕布狡诈多变，不久后便趁刘备外出，偷袭了刘备的根据地——下邳（今江苏邳县东）。刘备失去了立足之地，只好投奔曹操大营。

建安三年（公元198年）十月初，曹操伙同刘备，攻陷彭城，又直抵下邳，围攻吕布。历时几个月的斗智斗勇，曹操终于在内应的帮助下擒住了吕布，但由于吕布狡诈多变，决定缢杀他。

吕布部下的谋士陈宫，早年曾在曹操帐下，深得曹操的赏识，这次被俘之后，曹操有心再次重用他。但是他一心求死，曹操只好将他和吕布一起缢杀。为了表达对陈宫的旧情，曹操还特意把陈宫的母亲接到许都养老送终，又为他的女儿择夫出嫁，其他家属也得到了不同程度的优待。而对

于吕布其他的部将，曹操一一加以重用和加封。他的这种不计前嫌、笼络
人心的做法，使他的威信逐渐提升。

试探对手，青梅煮酒论英雄

吕布这心腹大患一除，曹操彻底占领了徐州，率兵凯旋而归，回到许
都便开始筹划对付冀州的袁绍。与此同时，周瑜和鲁肃归附了孙策，孙策
占据了江东地区，逐渐形成了一股不可小视的势力。

而当曹操与吕布正打得激烈的时候，汉献帝刘协却密谋诛杀曹操。他
召董承入宫，并将藏有血诏的玉带赐给他。在这血诏之中，汉献帝历数了
曹操的罪行，表示要联络忠义之士，除掉曹操。

董承是国舅，日下受尽了曹操的欺负，对曹操很是不满。汉献帝此举
正符合他的心意，他便暗中与侍郎王子服、长水校尉种辑商议此事，这两
位都是他的至交，对曹操独揽大权也是很不满，看了血诏之后，决心效忠
汉献帝。

曹操凯旋而归，并不知汉献帝已暗中联络人想要铲除他。曹操打了胜
仗，心气正高，特地上表为刘备请功。汉献帝知道刘备是中山靖王之后，
按照辈分应该叫他皇叔，便有意拉拢他除掉曹操。汉献帝立刻封刘备为左
将军。

某天夜里，董承带着皇帝的血诏前来见刘备，刘备连忙相迎："国舅深夜到此，必是有要事相告。"董承便将来龙去脉对刘备说明。刘备斟酌之后便说："既然是奉旨讨曹，那么刘备一定效劳。"其实，刘备早就有了反曹的心，只是没有找到合适的理由。如今，机会摆在眼前，他又怎么能错过呢。从此之后，刘备便暗中联络能人志士，准备寻找机会除掉曹操。但为了不让曹操起疑，装作一副胸无大志的样子，蒙蔽曹操。

再说曹操这边，其实早在刘备刚刚投奔曹操时，就有手下说要杀了刘备以除后患。可是，曹操当时的势力不大，又正是广纳人才的时候，若是杀了刘备，势必会吓退其他能人志士，于是，曹操就没有对刘备下手。

如今，形势大为不同，刘备深知曹操疑心重，于是，刻意让自己低调下来，经常在后花园种种菜，浇浇花，装出一副胸无大志的样子。曹操看着一反常态的刘备，不免有些起疑。

当时，正值青梅季节，曹操决定煮酒论英雄，试探刘备的虚实，却不料被刘备掩饰了过去。但事后，刘备心有余悸，恐怕过不了多久就会遭到曹操的毒手。于是，暗中与关羽、张飞商量脱身之计。恰好袁谭从青州迎袁术，而袁术正要从徐州经过，刘备就主动提出前去截击。曹操以为刘备有详细的迎战计划，便派他前往。

哪知，刘备一去不回。程昱、郭嘉等人听说刘备带着关羽、张飞走了，赶紧劝曹操追赶刘备，但为时已晚了。

以静制动，瞄准机会胜对方

刘备从曹操处逃走，成了曹操的心腹大患。于是，曹操便亲自率领二十万大军去攻打刘备。此时，狂风骤雨，军中的一面牙旗被吹倒。曹操急忙让军士停下脚步，唤来左右大将，询问这是什么征兆。

荀彧问道："这风是从哪个方向刮来的？是哪种颜色的旗被吹断了？"曹操答："东南风，把青红色的牙旗吹倒了。"荀彧说道："这是刘备要来劫寨的征兆啊！"曹操点了点头。

此时，毛玠又急急忙忙跑来汇报："方才一阵东南风刮过，吹折了青红牙旗一面。主公以为主何吉凶？"曹操反问道："你觉得呢？"毛玠说："我觉得，今夜刘备肯定要来劫寨。"

曹操挥手对众将士、谋臣说："既然上天给了我们警示，那我们今晚要做好防备。"于是，曹军分兵九队，只留一队向前虚扎营寨，其他队伍八面埋伏。

当天夜里，刘备为左路，张飞为右路，兵分两队向曹营进发，只留下了孙乾防守小沛。张飞一路斩杀，十分顺利，自以为计谋得逞，便贸然冲入曹寨。没想到，曹营内人少马稀，气氛诡异。突然，四面火光燃起，一片喊杀之声，张飞这才知道上了曹操的当。张飞急忙逃出寨外，却见正东张辽、正西许褚、正南于禁、正北李典、东南徐晃、西南乐进、东北夏侯惇、西北夏侯渊，八路军马一起冲杀过来。

张飞左右逢敌，无法脱身，而他手下有不少曹操原来的降军，见张飞大势已去，便纷纷投降了。张飞奋勇杀敌，终于杀出一条血路，而所剩的人马，仅仅有数十骑。张飞逃生之处都被曹军堵死，只好被迫向芒砀山逃去。

再说刘备率兵劫寨，还没到寨门，背后突然冲出一队军马，把刘备的人马一分为二，首尾不能呼应，夏侯惇又赶来攻打刘备。刘备趁其不备，突出重围逃走，夏侯渊又从后面追来。

刘备被打得措手不及，手下只剩下三十几位将士跟随。无奈之下，便顺着大路往青州去投奔袁绍，却不料又被李典截杀一番，可谓是丧家之犬。可以说，在刘备未得到徐庶和诸葛亮辅佐之前，与曹操交战几乎是屡战屡败。

若不是有关羽、张飞、赵云三人拼死保护，刘备早已归西。其实，沛城一战，曹操早就料到刘备要用计劫营，只是借着大旗被风吹倒，鼓舞一下士气罢了。

当时虽然刘备的兵力在徐州成犄角之势，但要想破曹军二十万大军，只能夜袭。所以，曹操推测刘备会来劫营再顺理成章不过了。曹操之所以胜利，正是看透了局势，顺水推舟，以静制动，瞄准机会压倒对方。

在军事上，刘备确实不如曹操足智多谋，若不是后期得孔明诸葛亮相助，曹操根本不会把刘备放在眼里。由此可以看出，军事战争，除了兵马充足之外，还要有足够的智谋，在斗智斗勇间，只有看清形势，抓住机会，才能取胜。

震慑朝野，阴谋平定战刘备

　　曹操与刘备的矛盾冲突日益激化，不到一个月的时间，刘备就在徐州杀了曹操的守将车胄，自领徐州牧。而后留关羽驻防下邳，自己据守小沛。刘备本来是皇室一族，有皇叔的身份，号召力极大，东海郡及其他郡县得到刘备的示好，纷纷背叛了曹操，归降刘备。这时，刘备的部众已达几万人，刘备便派人到袁绍处缔结同盟，共拒曹操。

　　建安五年（公元 200 年）春，董承联络王子服、种辑，按照事先约定好的计划，原定是与刘备内外夹击，一举消灭曹操。不料，消息走漏了风声，曹操知道自己差点被暗算，立即将董承、王子服、种辑等人及其全家老小诛杀。这还不够，曹操又随即将董贵妃斩了。

　　曹操平定了此阴谋之后，立刻派兵去讨伐刘备。这时，将士们都持反对态度，认为应该先除掉袁绍。有人说："现在，与您争天下的是袁绍，如果我们去东征攻击刘备，那么北方的袁绍就会趁机打过来，到时候就腹背受敌了！"

　　但是曹操却说："刘备胸怀大志，又是皇叔，越来越多的人响应他。如果现在不采取行动，很可能后患无穷。"郭嘉认同曹操的想法，说道："袁绍生性多疑且反应迟钝。即使发动进攻，也不会太快。但是刘备是刚刚兴起的势力，人心还尚未稳定，军中必混乱。我们现在趁其不备，必能将其打败。"于是，曹操决定东征攻打刘备。

这时，袁绍的谋士田丰听说曹操远伐刘备，后方必定无人把守空虚，是千载难逢的攻击机会！他立即向袁绍建议："曹操远伐刘备，刘备向来处事谨慎，曹操不可能速胜。他们僵持之际，不如我们挥军直袭曹操的后路，一定可以一举成功。"袁绍虽也认为这是个机会，却因为幼子病重，而迟迟不愿发兵，田丰对袁绍丧失这么好的机会而感慨："唉！千载难逢的机会，竟然被一个孩童给毁了。真是让人难以相信，我们的大势已去！"

曹操火速抵达徐州，与刘备展开了如火如荼的厮杀，刘备扛不住曹操的猛烈攻击，冲出重围，仓皇而逃，投奔袁绍。但是此时，关羽还守着下邳，刘备的家眷也在那里。曹操趁胜追击继续攻打下邳，关羽被迫投降，刘备的家眷当了俘虏。曹操为防止袁绍赶来偷袭，也立即退了兵。

自此，曹操的军事实力又提升了一大步，再加上之前平定了汉献帝的阴谋，他的政治影响力大幅提升，朝野内外无不为之震慑。

第六章
曹袁对峙，大败袁绍平定中原

不慌不躁，三思局势再行动

曹操与袁绍二人一生渊源颇深，自小便是好朋友，长大后又一起讨伐董卓。奈何两人的价值观、世界观不同，对政事的看法也不同，后来，两人的矛盾日益激化。随着时间的推移，形势也越发明朗。曹操清醒地知道，自己与袁绍的一战是不可避免了。因此，在打败刘表和张绣之后，便召集手下商量如何打败袁绍。

曹操知道，与袁绍之争大家心中已有定数，便开门见山地说："袁绍现在人多地广，加上青、并两州，地广兵强，仗着这一点，开始对朝廷不恭，还多次威胁朝廷。我想出兵征讨，但是，以现在的实力，恐怕无法获得胜利。诸位觉得应该怎么办呀？"

众人沉默了一会儿，荀彧说："从古至今，成大事者，只要有胸怀天下、匡世济民的才能，哪怕最开始是比较弱小的，但最终会依靠百姓而变得强大起来。而一个普通人，若是天生站在高位，倘若没有强大的维持能力，最终也会归于平庸的。这一点从刘邦、项羽的成败就可以看出来。当今天下能与您争夺天下的，只有袁绍一人而已。"接着又说，"依臣看来，无论从才能、智谋、武略、德行等哪方面，袁绍都无法同您相比……"

　　郭嘉接着荀彧的话说："绍有十败，公有十胜，袁绍虽然兵强马壮，但是却不能有所作为。"郭嘉更加详细地分析了敌我双方的优劣，认为："袁绍礼仪烦琐，而您大方得体，这是道胜过他；袁绍以反叛力量统领天下，而您则以复兴汉室统领天下，这是义胜过他；袁绍虽表面上宽宏大量却内心多疑，带着怀疑去用人，不能深用，所任用的只有亲戚朋友，而您用人时看似随意，却很明白其实力，可谓知人善任，用人不疑，只要有才就任用他，不在乎是亲是疏，这是度量胜过他；当别人提出不同意见时，袁绍难以果断做出决定，失败是在所难免的，而您有计谋就实行，应变能力也很强，这是谋略胜过他；袁绍用实物来提高名誉，而您用诚心对待别人，不为虚荣，这是道德胜过他；袁绍小事明白而大事糊涂，而您小事虽有疏忽，但却从来不忘记恩加四海，这是声望胜过他。即使您看不到，但考虑问题非常周全，这是仁胜过他；袁绍的大臣争权夺势，谗言迷惑造乱，相互猜忌，内部不能拧成一股力量，而您用道德统驭下士，邪恶的事就不会出现，这是明智胜过他；袁绍连是非都不明，而您认为正确的就以礼相待，错误的就用法律处罚，这是文胜过他；袁绍善于虚张声势，不知道用兵的重要之处，而您以少胜多，用兵如神，将士们都信服您，敌人害怕您，这是武胜过他。"

　　郭嘉一番话，从政治、军事、用人等方面对曹操和袁绍二人作了详尽的对比，曹操瞬间觉得眼前一亮，心中不禁暗自感叹："使我成就大业的，必定是眼前的这个年轻人。"

　　虽然曹操听了觉得心里很受用，但表面上却谦虚地说："哪像你说的那样，我怎么敢当呢？"

袁绍在用人这一点上，肯定是不如曹操的。袁绍用人只重用亲人，这对袁家长远大局是不利的。但是，袁绍这一点也有好处。当初在官渡之战时，与曹操相持不下，不会担心后方有叛变的情况，但是曹军就难免会出现这样的情况。

　　不过，在官渡之战中，起到关键性作用的还是曹操的军事指挥能力，有谋有勇，官渡之战是一场军事较量，两军统帅的军事能力是这场战争的胜负关键。袁绍的军事能力与曹操是无法相提并论的。而经过慎重的敌我分析，曹操对自己战胜袁绍有了信心。

会战官渡，隔水挟制陷僵局

　　建安五年（公元 200 年），曹操敏锐的感觉让他防备起朝中的各派势力，又因发现董承谋反，杀了董承和董贵妃，还把汉献帝软禁了起来。袁绍趁机命人写了一篇声讨曹操的檄文，文中直指曹操胁迫汉献帝，残害忠良，败法乱纪，骄横残暴，并号召天下豪杰共同讨伐曹操。

　　袁绍出发前，曾派人去联络刘表、张绣，希望能借助他们的力量南北夹击曹操。却不想刘表被张绣牵制，无法抽身。张绣非但没有与袁绍联合，反而归顺了曹操。曹操为了稳固后方，收编了张绣。

　　袁绍的内部也出现了前所未有的争执。谋士田丰和沮授反对此时出兵，却被袁绍关入大牢，削去了大部分兵权。

关中的其他军阀都保持中立的态度观望着，大家都知道，袁绍和曹操必将酝酿一场大战，凉州（今甘肃清水）刺史韦端听从杨阜的建议，倾向于曹操。曹操派治书侍御史（总监察官）卫觊代表朝廷去安抚关中，卫觊根据关中难民的实际情况，向荀彧、曹操建议恢复食盐专卖制度，以卖盐所得的银两买犁买牛，供给难民，让难民安心农作，恢复经济；又派司隶校尉（京畿卫戍司令）钟繇镇守关中，维持社会秩序。曹操觉得卫觊的意见非常中肯，便采纳了他的意见，从此关中重返朝廷。

曹操稳住关中，袁绍很难再联合其他诸侯剿灭曹操。但是，他有数十万兵马，而曹操仅有三四万兵马，论实力，袁绍仍然更胜一筹。于是，袁绍命大将颜良、文丑为先锋，刘备为后阵，自己带领主力，直奔许都讨伐曹操。

袁绍大军浩浩荡荡压境，将领们听到这个消息，都非常震惊。当时曹操所拥兖州，仍然战乱不止，农业生产也不稳定。袁绍要更占优势。

然而，曹操却摆出一副镇定自若的神气做派。自从听了郭嘉、荀彧等谋士对敌我双方的深入分析，他更加坚定了必胜的信心。在仔细分析了当前战况之后，曹操命刘延扼守白马（今河南滑县东），于禁驻守延津（今河南延津北），共同抵御袁绍大军。曹操则亲率主力后退一步，驻守许都北面的门户——官渡（今河南中牟东北）。

随后，袁绍主力抵达黎阳（今河南浚县东北）前线。大将颜良攻击白马，目的在于确保主力渡过黄河。却不想这是曹操声东击西之计，最后颜良被关羽斩杀于白马。

关羽随后将颜良的首级献给曹操，曹操十分欣喜，大赞道："不愧是神人啊！"曹操给关羽记了一功，上表封他为汉寿亭侯。

白马一战胜利，曹操将城中百姓全部迁出，沿着河边往西撤退，准备加强延津方面的防御。袁绍大怒，下令即刻渡河追击曹操，沮授极力劝阻却毫无作用。沮授失望地说："掌权的狂妄自大，每个人只求贪功。唉！黄河悠悠，我还有机会返回河北吗？"沮授心灰意冷，于是称病告假。袁绍非但没有批准，还剥夺了他的兵权，将他的部队全部拨给了郭图。

延津之战，袁绍命大将文丑率军先打头阵渡河，自己和刘备紧随其后。曹操利用袁军轻敌冒进的心态，诱敌深入，结果把袁军杀得落花流水。大将文丑也被诛杀。颜良与文丑是袁绍麾下的两名大将，二人被杀，袁军士气大减。

白马之战、延津之战之后，曹军与袁军进入相持阶段。袁绍仗着人多势众，在官渡北面的阳武（今河南原阳东南），与曹军隔水对峙。曹操虽打胜了两仗，却没有扭转弱势的局面，袁绍兵多粮足，一时半会儿不容易扳倒。沮授见形势正好，便又出来劝说袁绍："我们的人虽多，但不及曹兵骁勇善战。但现在曹操的粮草没有我们的充足。对方肯定急于和我们交战，我们应该坚持打持久战，拖垮曹操。"袁绍没有采纳他的意见，这让沮授非常失望。

袁绍率领大军继续向前推进，渡过黄河，在紧靠沙滩处筑营，连绵数十里。曹操则将大军两翼分开，构成独有战地。就这样，双方遥遥相望地僵持了一个多月，曹军的粮食也越来越少，士气逐渐低落。

暗藏杀心，官渡大战败袁绍

曹袁两军相持不下，僵持了一个多月，曹军的粮食越来越少。曹操不得不面对当前局势。于是，他写信询问留守许都的谋士荀彧，荀彧分析了当前的形势，逐条为曹操分析了利弊，并鼓励曹操坚持下去。

曹操采纳了荀彧的建议，下令加强营垒工事，严密防守。军中粮草即将用尽时，他又派人回许都催要粮草，却不料中途被袁绍的谋士许攸捉住。

许攸从使者的身上搜出了曹操向荀彧催粮的信，便对袁绍说："曹操如今已经粮草用尽，且大军在外，许都必定空虚。我们不如兵分两路，派一路兵马去袭击许都，同时，攻击官渡曹军。两面夹击，曹操必定失败。"袁绍听了不以为然，以为这是曹操使用的疑兵之计，没有采纳。

这时，袁绍的第二批运粮辎重车队的一万多辆也已到达。袁绍把这些粮食和军用物资都堆积在前线大营的北后方，也就是距离四十里路远的乌巢（今河南延津东南），命令大将淳于琼率军一万余人在乌巢驻扎守护。

袁绍没有采纳许攸的计策，而且对他十分傲慢无礼，许攸便在心中暗生不满。而后又想起了自己与曹操的交情，便连夜投奔曹军大营。曹操正躺在床上将要休息，听闻许攸前来投靠，光着脚就跑出来迎接。

曹操高兴得直拍手，说道："您远道而来相助，我的大事一定能成！"许攸把袁绍的屯粮草之处告诉给了曹操，并且分析了敌强我弱的实际情况，提出退敌之策。

曹操听后大喜，连夜派荀攸、曹洪等守卫大营，命夏侯惇、夏侯渊埋伏在大营左边，曹仁、李典埋伏在大营右边，自己带领着一支五千人的步骑兵混合部队，让马衔着树枝以防嘶鸣。他又命张辽、许褚在前，徐晃、于禁压后，步骑兵每人持一些干草柴火。曹军在夜色的掩护下，打着袁军的旗号向乌巢进发，就这样，曹操趁半夜就把袁军的粮囤烧了。

袁绍听闻粮草被烧，大怒，而后听了亲信郭图的意见决定攻打曹操大营。张郃冷静地说："曹操大营十分坚固，我们恐怕一时半会儿攻不进去。万一淳于琼再被擒，我们全体都要被俘。"

可是，袁绍正在气头上，根本听不进去。他命令张郃、高览带重兵去官渡攻击曹营，只派少数人马去解救乌巢。结果没有料到，曹军的士卒死中求生，奋力搏杀，一鼓作气攻下淳于琼营寨，斩杀淳于琼等将士，还把所剩军粮焚烧一空。随后又击败袁绍的增援部队，俘虏了袁军一千余人，割下了每个人的鼻子；俘获的牛马，割下了每头牛马的嘴唇或舌头，然后驱逐他们回袁绍大营。

张郃、高览攻打曹军大营，遭到曹军奋力抵抗。左边杀出夏侯惇、夏侯渊，右边杀出曹仁、李典，三路夹攻。袁军正想撤退，却遭到曹操人马从乌巢赶回，四下围住厮杀。张郃、高览不敌，只得夺路逃回。

袁绍不解，分明是自己兵数占优势，为何会被打得如此惨败。袁绍身旁的郭图谗言进谏，想要拿高览、张郃问罪。高览大失所望，对张郃说：

"袁绍听信谗言，迟早会败，不如我们去投奔曹操吧！"张郃看到袁绍这样对待自己，也只好同意投奔曹操。

二人带着自己的兵马投奔曹操，留守大营的曹洪对张郃、高览两位的投降，不敢相信，荀攸倒是一眼看穿其中的原因，便说："张郃足智多谋，在袁绍麾下确实屈才。况且，他的计谋并不被采纳，这才是他归附的真心，你不必担心。"曹洪这才放心让他们入营。曹操回营后，听说张郃、高览两位大将前来投靠，十分高兴，立即封他们为将军。

袁绍大军连连失利，几名大将被斩杀，几名谋士投降曹操，使得袁军上下惊恐，不知所措，军心动摇。许攸劝曹操趁势火速进攻。张郃、高览打头阵，曹操采纳了这样的建议。当天夜里，曹军兵分三路出兵，袭击袁军，袁军被打败。

而后，曹操又同荀攸商议，扬言曹军已兵分两路，一路去夺取酸枣，直接进攻袁绍的大本营邺城；另一路取道黎阳，断绝袁兵的归路。这消息传到了袁军大营中。顷刻间，袁军士气崩溃，四散逃命。不得已之下，袁绍只好与袁谭慌忙逃走。慌乱之下，甚至没有披上战甲，只得用丝巾包住了头发，率领剩下的八百余步骑兵，北渡黄河。而曹军一路追杀，直到袁绍渡过黄河为止。而后，曹军又把袁绍大营中的军资物品全部缴获。

此次官渡之战，虽然曹操只有三四万人马，袁绍有十余万人马，最后，曹军却杀死袁兵七八万。

沮授没来得及追随袁绍渡河，结果被曹军俘虏。不过，他不仅没有示弱，反而大喊："我不是投降的，我是被俘的。"曹操念在自己与沮授是老友的份上，亲自出帐迎接他，说："当下兵荒马乱，我们无法相互联系，想不到今天在这里见到你了。"沮授无奈地说："袁绍不能听信良策，自取其辱；而我没有投靠明主，使才智不能施展，理应得到这样的惩罚。"

"袁绍没有军事和政治智慧，不会欣赏你的谋略。但天下大乱，正是需要你的时候。希望能跟你共同磋商。"曹操恳切地说。

沮授只好又说："我的叔父跟兄弟的性命都握在袁绍手里，我若是投奔于你，他们就会被杀。所以，请你尽快杀了我吧。"

曹操叹息说："我要是能早点得到你的帮助，天下的事都不必担心了。"说罢，他便命令部下把沮授给释放了，还给予了他特别厚待。但是不久之后，沮授想要偷偷逃回北方，曹操无奈之下，只好把这位一心逃走的好友处决了。

建安五年（公元 200 年），曹操在官渡之战中以少胜多，击败了北方最大的割据势力袁绍，从而更加巩固了自己在中原及北方的地位，为统一北方奠定了基础。而这一年，他才年仅四十六岁。

建安六年（公元 201 年）春，曹操想利用袁绍刚刚被击败，不会轻易出兵南下的机会，借机攻打南面的荆州刘表。还把大军移到了大丰收的安民（今山东东平西南）一带，以解决军粮问题。

谋士荀彧认为曹操的这一策略不够缜密，便十分冷静地分析了当前形势，说道："袁绍刚刚被击溃，军心势必不稳，人心涣散。我们应该趁此机会一举歼灭，以除大患。如果南征，路途不仅遥远，运输粮食也是个问题。要是袁绍再重整大军，趁虚而入，我们将陷入被动的状态啊！"

曹操听罢，觉得十分有道理，便暂停了攻打南方的计划。当年夏天，曹操为了震慑袁绍大军，沿着黄河示威，并击破驻防仓亭（今山东东阿）的袁绍部队。

到了秋天，曹操回到都城许昌。却闻讯刘备受袁绍之命，侵扰汝南，曹操便亲自率军进攻汝南。刘备不是曹军的对手，难以抵挡猛烈的攻击，弃城去荆州投奔了刘表。刘表听说刘备来投，亲自出襄阳（今湖北襄樊）城外迎接，并尊刘备为贵宾，增加他的兵力，命他驻屯新野（今属河南），以防曹操来犯。

次年正月，曹军在谯县整顿三个月，再次北上，进驻官渡，准备向袁绍的大本营邺城进军，意图一举歼灭袁绍。

背水一战，置之死地而后生

官渡之战后，袁绍大败而归，曹操迅速整顿军马，渡过黄河，紧追袁绍。袁绍与曹操的兵马实力不相上下，甚至更胜一筹，因此，袁绍败北之后，心有不甘，认为自己仍然据有大片土地，为了一雪前耻，召集了河北四州之兵，在仓亭扎寨，打算与曹操决一死战。

前面说到，曹军趁胜追击，与袁绍军队摆开阵势，交锋厮杀。曹军的徐晃军团出战，袁绍的幼子袁尚英勇善战，将曹军的部将史涣杀于阵前。

曹操尚未溃败袁军，反倒被杀一名大将，心中十分烦闷。他对众谋士说：“像这样的厮杀对阵，到底什么时候才是个头啊！这样消耗下去，对我军不利！”

谋士程昱趁机献计：“以往有秦末楚汉之争，高祖皇帝十面埋伏之计，迫使项羽乌江自刎。我们何不效法？”曹操来了兴致，让程昱继续讲下去。

“我们就将军队撤到黄河边上，背水为阵，伏兵十队，引诱袁绍前来。”

曹操大惊道：“这不是太危险了吗？”

程昱笑道：“兵法上讲，置之死地而后生，我军没有退路，自然拼死求生，众将士一定稳胜袁绍。”

曹操仔细思考过后，觉得程昱的计谋可取，便采纳了他的意见。他下令将全军分为左右各五队，左列，一队夏侯惇，二队张辽，三队李典，四队乐进，五队夏侯渊；右列：一队曹洪，二队张郃，三队徐晃，四队于禁，五队高览，许褚为中军先锋。

次日，十队人马先行，预先埋伏起来。到了半夜，曹操与许褚率军前进，佯装偷袭袁军大寨。袁绍见曹操率兵前来，便大笑道：“曹操这下可是自投罗网。”于是，下令所有五寨人马，全力迎战许褚大军。

许褚一战便退，佯败逃走。袁绍率军追赶，厮杀之声四起。等到天亮，袁绍将许褚逼到黄河边。曹操趁机大喊一声：“后面有袁绍的追兵，前面是黄河，我们已经没有退路了。大家不如决一死战吧！只有这样，我们才有活着的机会！”曹军众将士一听，瞬间士气大振，群情激奋杀向袁军。许褚一马当先，挥刀斩杀袁军十来个将领。袁军阵形大乱，只好撤退。

左边夏侯渊、右边高览两支兵马冲出截击，袁绍带领三个儿子和一个外甥，拼死杀出一条血路。但没想到，跑了十来里，左边乐进、右边于禁杀出，杀得袁军尸横遍野。又跑了数里，左边李典、右边徐晃两支人马截杀过来，袁绍父子胆战心惊，休息之时，奔入寨门，埋锅造饭，正要吃时，左边张辽、右边张郃，径直前来冲寨。袁绍顾不得吃饭，慌忙上马率领剩余士兵冲出仓亭，人困马乏，曹操又率大军赶来，袁绍拼命逃离。又被右边曹洪、左边夏侯惇挡住去路。袁绍大叫："如果不拼死一搏，我们都要被活捉了！"袁绍和儿子们奋力杀出，侥幸逃脱。

而后，袁绍痛苦大哭，长叹道："我一生经历战事数十次，从没有像今天这样狼狈过！"无奈之下，他只好命令各部将回各地整顿军务，自己则带着袁尚回冀州养病去了。经此一战，袁军溃败不堪，曹军声威大震。曹军趁着自己士气正足，一鼓作气追击到北部，直到打败了强大的袁绍，这为统一北方扫清了最大的障碍。

曹操这招"背水一战"成了历史上的经典战役，先是设兵埋伏，后又截杀袁绍，最终趁胜追击。

著名军事著作《孙子兵法·九地篇》中记载"疾战则存，不疾战则亡者，为'死地'"之说。曹操正是恰到好处地运用了置之死地而后生的作战心理，激励士兵团结作战，最终夺得了胜利。

北渡黄河，邺城告罄谏群策

袁绍自官渡之战溃败后，愤恨难平，卧病不起，于建安七年（公元202年）夏五月病逝。袁绍死后，众人开始议论谁是继承袁绍之位的人选。袁绍有三个儿子，即袁谭、袁熙、袁尚。众人一致认为，应该拥戴长子袁谭继承袁绍的位置。但是，一些人恐怕袁谭掌权，会受到谋害，便假传袁绍的遗命，拥戴袁尚继承大位。

袁尚是袁绍继妻刘氏的幼子，深得袁绍的喜爱，袁绍本想命袁尚为继承人，只是没有公开宣布而已。不过，他曾将自己的大儿子袁谭过继给哥哥袁成当儿子。因此，按照家法制度，袁绍成了袁谭的叔父，其自然也就不能继承袁绍的爵位。

沮授曾经进谏说："袁谭明明是长子，理应是你的继承人，你却把他过继给你的哥哥，废长立幼向来不会有什么好结果，恐怕灾难是在所难免了。"袁绍却不以为意道："我打算叫他们各自主持一州，借此考察他们的能力。"

接着，袁绍又命次子袁熙为幽州刺史，外甥高干为并州（今山西太原）刺史，把幼子袁尚留在身边。袁氏家族中，随着袁绍的分权也变得四分五裂了。

　　袁谭从青州赶回去奔丧，但是无奈路途遥远，袁尚已经继承了爵位。他对袁尚的仇恨无法消除，无奈之下，他只好效仿袁绍，自称车骑将军，驻守黎阳。只待时机成熟，便发兵征伐。曹操也深知袁氏兄弟之间的矛盾，他决定利用这一矛盾来不断削弱袁氏兄弟的力量。

　　建安九年（公元 204 年）正月，曹操北渡黄河，阻塞淇水，使其流入白沟，以便运输军粮。二月，袁尚没能看清局势变化，而是再度向据守平原的袁谭发动攻击，留下部将审配、苏由据守邺城。

　　曹操大军抵达邺城，先是堆筑土山挖掘地道，后发动猛烈攻击，但没能一举攻下。于是，命曹洪继续进攻，自己则率军前往毛城（今武安西）攻击武安县令尹楷。占领了武安之后，就切断了西方并州援军及运粮的道路。

　　紧接着，曹操又攻击困守邯郸的沮鹄，迅速占领了邯郸，切断了邺城与北方幽州之间的联系，完成了对邺城的战略性孤立和包围。

　　易阳（今河北牟县）县令韩范、涉县（今河北磁县）县令梁歧，不攻自破，双双投降曹操，使得袁军士气大挫。

　　五月，曹操采纳许攸计策，改急攻战术，转而铲平土山，填满地道，另行挖掘壕沟，把漳河的水引导注入。邺城跟外界的联系全部被曹操隔断，粮食也难以运入。不久，城中饿死的百姓已超大半。

　　袁尚得知邺城被围，立即回军救援。曹操的部下都认为袁尚此次回军是为了保护大本营，必定人人殊死一战，曹军必定难以抵挡。曹操考虑后，说道："袁军若是有必死心态，不顾胜负，他们救人心切，定会从大道赶来。如果是这样，我们就躲开。但如果他们从小道进攻，便说明他们亦攻亦守，没有决死一战的心态，我们就趁机歼灭了他们！"

曹操听闻袁尚顺着西山南下，抵达了城东的东阳平亭，距离邺城七十里，紧傍滏水扎营。夜里，城中烽火燃起，审配决定与袁尚内外夹击攻打曹操。却不料，被曹操立即率兵攻打，败退而归。曹操再次回过头去攻打袁尚，袁尚大军受挫，只好向曹操请降。奈何曹操恐怕放过袁尚是养虎为患，所以决定继续攻打他。袁尚只好趁夜逃走，据守保祁山。曹操穷追不舍，而祸不单行，袁尚本就不敌曹操，袁尚内部将领马延、张凯等人临阵反戈，袁尚大军瞬间瓦解，袁尚逃往中山（今河北定州）。

曹操在众谋士的帮助下，平定了邺城，到此为止算是真正占领了冀州。而这一年，曹操正好五十岁。邺城作为冀州州城，地大物博，曹操自然是十分重视，于是自领冀州牧，经常驻扎邺城。

清除残余，统一北方展大业

曹操自领冀州牧后，曾亲自来到袁绍的墓前祭奠，回想起两人自小就相识，而且彼此交好，共同做过很多事情，两个人年少时均是意气风发，胸怀大志，奈何天意弄人，竟然让兄弟俩反目成仇，相互残杀，不由得感伤起来。

历史上，曹操与袁绍因官渡之战而著名，但是很少有人知道曹操与袁绍自小就是好朋友，两人关系密切。曹操与袁绍两人都是出自大官僚世家，曹操的父亲曹嵩官至太尉，袁绍家族则是四世三公。在没做官之前，曹操与袁绍是非常要好的朋友，两人又同是西园八校尉之一，掌管着朝廷的军权。可以说，他们两个不仅是发小，还是同事。

当年袁绍起兵讨伐董卓时，曹操是袁绍的急先锋，曹操兵败之后，又靠着袁绍的接济东山再起。曹操在兖州割据的时候还与袁绍达成了兄弟同盟，共同联手对抗袁术和公孙瓒。而且，两人配合十分默契，袁绍不负众望地消灭了公孙瓒，而且曹操也打败了袁术。

曹操的父亲曹嵩被徐州牧陶谦的部下所杀，袁绍得知后，不遗余力地去帮助曹操，派军队攻打陶谦，可以看出，两者的关系非同寻常。可是，随着战乱，二人兼并了许多诸侯，仅剩下的豪杰才能瓜分天下，曹操与袁绍二人也因政治目的不同而反目成仇。最开始，袁绍帮曹操攻取兖州，是因为曹操的势力不足以威胁自己，曹操攻打陶谦时，袁绍还帮了他。可是，当曹操真正把汉献帝控制在自己手中时，袁绍明显感觉到了曹操的威胁。

于是，袁绍提出想要跟曹操一起控制汉献帝的要求，可是曹操却拒绝了这个要求。不仅如此，曹操还假借天子之名训斥了袁绍。而后曹操又给自己封官晋爵，官职在袁绍之上。这时，曹操还没有解决吕布这个大威胁，而袁绍也没有彻底打败公孙瓒，双方的矛盾还不那么明显，所以双方并没有针锋相对。但是，等到两个人把身边的威胁都消灭后，他们的矛盾逐渐显露出来，到了不得不通过战争来解决的地步。这两个从小到大的好朋友最终迎来了官渡之战，最终，曹操击败了袁绍而夺取了北方的支配权。

曹操也曾一心治理冀州城，延聘崔琰当冀州别驾（行政官），相继发布了《蠲河北租赋令》《抑兼并令》《赦袁氏同恶令》等条令，像曾经做地方官时一样，专打豪强、安抚百姓，整顿社会风气，严管治安。民心所向，无不欢呼。

曹操攻取邺城时，袁绍的外甥高干向曹操投降，而已经投降的袁谭却在此时变了卦。他趁机攻打了袁尚据守的中山，袁尚无力抵抗，只好北逃幽州，投奔了二哥袁熙。袁谭将袁尚没有带走的部队全部收编，回军驻防龙凑（今山东德州）。此时，曹操曾写信责备他言而无信。

第二年，即建安十年（公元205年），曹操先是杀了袁谭，又把袁熙、袁尚赶出了幽州，二人不得已逃到了塞外的乌桓部落。幽州自然也归了曹操。

袁绍的外甥高干又在此刻想趁机脱离曹操，便想用奇兵袭取邺城。却没想到，曹操早有防备。高干只好派兵把守壶关（今山西长治东南）。

建安十一年（公元206年），曹操亲自率兵出击高干，高干从此也归附了曹操。至此，冀、青、幽、并四州已全部落入曹操手中。可以说，曹操真正意义上统一了北方，成为了中原地区最大的军阀割据势力，而这一切的成绩，是曹操南征北战了近二十年才换来的。

曹操取得了冀、青、幽、并四州，下一步自然是与塞外的乌桓直接接触。乌桓是一个游牧民族地区，三郡乌桓的首领叫蹋顿，在当地势力很强大。袁绍当初为了笼络他，曾拜蹋顿为单于，并将自己本家的女儿嫁给乌桓的军事首长做妻子。袁熙、袁尚兄弟二人投奔乌桓后，蹋顿就与袁氏兄弟联手侵扰河北边境。

悲天悯人，东临碣石观沧海

曹操为了巩固对河北的统治权，铲除袁绍的残余势力，决定对乌桓进行攻击。由于地理位置不同，曹操做了充足的准备。他先安排人马由河北地区开凿"平房"和"泉州"两渠，使滹沱河、瓜水、沟河、潞河、滦河五条河从河北的饶阳县贯通到河北的东亭县，以保证以后行军时粮食运输的畅通无阻。

但是，曹操的这项决定却遭到了众将领的反对，他们认为，袁尚等人已不过是漏网之鱼，即使有些势力也都是残余的力量，没必要兴师动众。而乌桓生性贪得无厌，不可能被袁尚轻易利用。若是此刻北伐塞外，刘备肯定会联手刘表，攻击许都，形势会非常不利。

曹操认为众将士分析甚是，左右为难。谋士郭嘉却提出："乌桓部落仗着自己远在荒蛮之地，一定没有过多的戒备。如果我们现在趁机攻打他们，必定会取得胜利。而且，袁氏兄弟二人若是还有喘息的机会，必定会昭告天下人士联合起来反抗主公，形势就会大有不同。如果，现在大部分人民只是畏惧我们的强大，不敢冒犯我们。而我们也没有给大家带来什么实质上的好处，若是袁尚以乌桓部落作为资本，号召所有愿意为恩主效劳的豪杰之士，那么乌桓大军一出，势必会有胡人响应。这种阵势足以撼动蹋顿的心，恐怕会激起他的野心。如果他的势力起来了，那么青州、冀州很快便会再次陷入危机。刘表却没有贪图天下之心，他也没有能力去驾驭刘备。刘备与刘表联手，只是无奈之举，不必过多担忧。"

曹操听了郭嘉的分析，认为非常有道理，便下定决心，发动大军，沿海出兵，取道山海关，准备进攻乌桓腹地柳城（今辽宁朝阳南）。

当时正值盛夏，淫雨绵绵，沿海一带地势低凹，泥泞难行。乌桓部落周边又有重兵把守，一时之间，曹军无法前行。曹操面对这样的情况也是十分担忧，这时当地有名的谋士田畴献计，说道："您不如假意后退，然后再突然袭击。"

于是，曹操在泥沼地带的道路两旁分别立了一个大牌子，上面写着："现在正值盛暑，道路不通，且等到秋季，再行出击。"乌桓的士兵探哨时发现曹军立的大牌子，以为曹军真的后退了，便回去禀报蹋顿。蹋顿从没与曹操交过手，不了解曹操的谋略才华，也不知道他的诡谲多变，轻易地相信了曹军撤退这件事，便放松了对曹军的防御。

曹操突袭前一天，曾向郭嘉询问意见。郭嘉深思熟虑一番，说道："兵贵神速，我军不如留下辎重，减轻装备，一日强行两日路程，急速挺进，打他们个措手不及。"

于是，曹军辎重在后，轻兵在前，攀登徐无山，向北挺进，遇水搭桥，逢山开路，凿山、填谷将近五百多里，穿过白檀、平冈（今属辽宁朝阳），又穿过鲜卑部落王庭，向东直扑柳城。

据说，乌桓蹋顿得知曹军正迅速逼近，顿时慌了阵脚，连忙同袁尚、袁熙率领辽东、辽西和右北平三郡乌桓数万骑兵迎击曹军。曹操率领军队急速逼近，于白狼山（今辽宁朝阳西南）与乌桓军相遇。乌桓联军势力很是强大，而曹军只是轻装上阵，按道理来说，乌桓的胜算更大，曹军的将士们不免有些害怕。可仔细观察却发现，乌桓兵虽多，却毫无纪律，阵脚散乱，曹操神情自若，命张辽、徐晃带领千余骑兵猛冲下去。而自己则率军随后接应。

不出所料，乌桓军队被打了个措手不及，兵马乱作一团。张辽拍马上前，一刀把蹋顿斩下马来。袁尚、袁熙见势不妙，拨马飞奔逃走。曹操乘胜追击，一顿厮杀占领了柳城。

袁尚、袁熙逃走，奔向辽东郡守公孙康，而辽东郡乌桓单于速仆丸也一同跟了去，随行的骑兵仍有数千名。将士们建议曹操乘胜追击，曹操却胸有成竹地说道："不必了，我等着公孙康将袁尚、袁熙二人的人头送来。"众人不解。

再说公孙康这边，果然是已有了取袁尚、袁熙性命的打算，并且想把这份大礼送给曹操。于是，在马厩之中，埋伏了精兵，假装宴请袁尚、袁熙，未等落座，公孙康便命人擒拿了二人，即刻诛杀，连同速仆丸的人头一起给曹操送来了。

众将领们都十分诧异，询问曹操："这公孙康为什么要处决袁尚、袁熙呢？"曹操回道："公孙康忌惮袁尚、袁熙的势力，若是我们强行进攻，公孙康便会与袁氏兄弟二人联手抵抗我们。但是如果我们撤退，公孙康便会趁机杀掉袁氏兄弟以除心腹大患。"

就这样，曹操平定了乌桓，派田畴镇守柳城，自己则率领三军回撤到邺城。而且，还把被乌桓掳去的十余万汉人带了回来，又将边境上的十余万乌桓人迁入内地，与汉人杂居。乌桓的骑兵也被编入曹军，号称"天下名骑"。

曹操班师回朝的途中，曾路过碣石（今河北东亭县西南），只见山上巨石矗立，海面波涛汹涌。曹操不由得有感而发，吟出了那首脍炙人口，又饱含内心感受的诗：

"东临碣石，以观沧海。水河澹澹，山岛竦峙。树木丛生，百草丰茂。秋风萧瑟，洪波涌起，日月之行，若出其中，星汉灿烂，若出其里。幸甚至哉，歌以咏志。"

第七章
赤壁之战，雄踞北方三分天下

巧夺荆州，击溃刘备不手软

　　曹操除掉袁绍，完成统一北方大业，可距离统一全国还差得很远。最让曹操头疼的两个对手就是荆州的刘表和江东的孙权。荆州位于长江流域，物产丰富，乃是兵家必争之地。而曹操十分清楚，若是想统一中国，拿下南方，只有先占领荆州，才能够继续向东攻打江东，向西逼进蜀地。

　　建安十三年（公元208年）春，曹操率兵返回邺城，为了完成统一中国的大业，他准备向南方扩张，于是命人挖掘人工湖，命名为"玄武池"，专门训练水上部队。到了夏季，朝廷撤除"三公"官称，恢复丞相、御史大夫，曹操被任命为丞相。曹操派张既前去游说驻军槐里（今陕西兴平）的将军马腾，希望他能够放弃自己的军权，还许诺他一定的官职。马腾接受了曹操的建议，带着全家老小全部迁到邺城，曹操荐他为卫尉（皇城禁卫司令），他的儿子马超为偏将军，继续率领父亲的部队，在槐里留守。

　　秋季，曹操安置好内外部事务，开始对荆州发动进攻。当年曹操远征三郡乌桓时，寄居荆州的刘备就劝刘表趁曹操出兵，袭击许都。可是，刘表只希望保住荆州，毫无进取之心，而又不特别信任刘备，所以就白白地错失了这样的良好机会。

等到曹操铲除了北方势力，回到邺城，割据江东的孙权看中了刘表坐守的荆州，就趁刘表生病之际，利用刘表前部将甘宁袭击了驻守夏口（今湖北武汉汉口）的刘表大将黄祖，屠洗夏口城，劫去男女数万人。

而此时，刘表已经无心迎战，病危在身。曹操知道，若是刘表去世，荆州的地盘不是归了刘备就是被孙权夺取，于是急急忙忙地向荆州进军。

可是，曹军还没与荆州军开战，刘表就去世了。话说，刘表有两个儿子——刘琦、刘琮，是同胞兄弟。而刘表在妻子过世之后，又娶了荆州大族蔡氏，蔡氏的弟弟蔡瑁也是荆州贵族的重要人物。

再说刘表对小儿子刘琮十分钟爱，蔡氏又把自己的内侄女嫁给了刘琮，可以说，刘琦很不受父亲和继母的喜爱。而蔡瑁与刘表的外甥张允又整天在刘表面前说刘琦的坏话，夸奖刘琮。可想而知，刘琦的地位很不稳固。刘表死后，刘琦感到处境危险，便主动去夏口补黄祖的缺，当了江夏太守。而蔡瑁等人就拥戴刘琮继承刘表做了荆州牧，也就是在这时，曹操的大军才浩浩荡荡地进入荆州地区。

刘表的大将蒯越及以韩嵩为首的豪族都劝刘琮投降曹操，想到自己的实力根本不足以抵抗曹操，又考虑到若是利用刘备打败了曹操，那么刘备也不会甘心臣服于自己的手下，于是，刘琮思来想去，还是决定向曹操投降。

再说，自建安六年（公元201年）刘备投奔刘表，驻守荆州已有八年之久。这八年之中，他拉拢了不少荆州的豪族地主。建安十二年（公元207年），经司马徽、徐庶推荐，刘备三顾茅庐，终于请出军师诸葛亮，如虎添翼般拥有了替自己安邦定策的谋臣。后来，他又借着清查户口的名义，招募很多壮丁壮大自己的军队。可以说，虽然刘备在荆州的八年没有明显的建树，却在军事力量、人才招募方面，有了很大的收获。

然而，刘琮并没有把自己投降的消息告诉刘备，他也怕刘备哪天强大起来威胁到自己，想借着这次机会将刘备消灭。等到刘备发觉时，曹军已大兵压境，形势非常危急。

无奈之下，刘备只好迅速把自己的军队自樊城向江陵一带撤退，但因追随他的百姓多达十余万人，辎重车辆数千辆，行动起来十分迟缓。只能以每天十余里的速度前进着。刘备派关羽率领船舰数百艘分头行动，约定在江陵会师。这时，也有人奉劝他说："行军以迅速为主，应先保守江陵，我们部众太多，若是曹操大军赶来，我们无法抵御。"刘备却说："百姓将身家性命寄托在我的身上，愿意追随我，我怎么忍心舍弃？"

曹操知道江陵一带储存着大量的粮草武器，恐怕被刘备抢占了先机。于是，便下令放下辎重，轻装上阵，先到了襄阳。又听说刘备已经南下，便立刻特选精锐骑兵五千人，紧急追击，一天一夜急行军三百余里。

此时正是骄阳似火的夏天，行军路上又是在荒山野岭，四处找不到一滴水，将士们都有气无力，行军速度大不如以前。这对于行军是十分不利的。曹操为了追击刘备，只好施用了望梅止渴的计谋，使大军继续向前，并在当阳长坂追上了刘备。

刘备众将士因长期赶路，又背负辎重悉数，不堪重负，直接崩溃。刘备顾不得妻女，跟着诸葛亮、张飞、赵云等人，在几十名骑兵护卫下逃走，其他部众及及辎重全部被曹操获得。

曹操顺利占领江陵，任命刘琮为青州刺史，封侯爵，连同当初劝降的蒯越等，一起封侯爵的有十五人；又任命了一大批荆州名士担任荆州地方官，以顺应民心。同时，还收编了荆州军七八万人，获艨艟斗舰千余只，军用物资不计其数。艨艟斗舰机动性很强，速度如飞，行动自如，可令敌舰无法靠近。曹操得此舰千余只，又加上荆州军擅长水战，便对顺江东下攻击孙权有了很大的信心。

而刘备被曹操击溃之后，沿汉水撤退，与关羽率领的水军会合。渡过汉水之后，又碰上了刘表的长子、江夏太守刘琦，两下会合，军队大概有两万多人，暂时退到夏口。夏口在江北，刘备感到仍然不安全，便又从夏口退到鄂城的樊口。当时刘备在当阳长坂的时候，孙权曾派鲁肃去联络他，如今，刘备到了樊口，也派了诸葛亮去见孙权，表示愿意联盟，共同抵制曹操。

战事不利，孙刘联军孔明计

当年曹操南征荆州之时，孙权曾屯兵柴桑（今江西九江）。诸葛亮曾晋见孙权，分析了当下的局势，对孙权说："如今，天下一片大乱，将军在江东起兵，而玄德公（刘备）在汉水以南集结部众，想要与曹操争夺天下。但是，如今曹操大军已压境破荆州，声威大振。四方英雄豪杰，已无用武之地。玄德公向南撤退，还望将军能够量力而行，若是将军有足够的决心和能力，可以与曹操抗衡，那么就应该趁早跟曹操断绝了关系。但是，如果自认为还不能与曹操抗衡，还不如赶紧收起武器，向北方归降。如今，虽然将军表面上依附朝廷，但内心还是自有打算。若是如此，迟迟不下定决心，只怕大祸临头。"

"那为什么刘豫州（刘备）不向北方归降曹操？"孙权没好气地问。

诸葛亮早就知道孙权会反问，便故意正色说道："田横，是齐国的一名壮士，尚且坚守大义，而刘豫州是皇家后裔，盖世英才，对他仰慕的能人志士如流水归向大海，如果失败了，也只能是天意如此，怎么会投降于曹操呢？"

孙权当时年仅二十七岁，血气方刚，被诸葛亮这么一激，勃然大怒道："我不可能把江东的故土拱手让人，让十万精兵受制于人。我心意已决，不必说了，我知道除了刘豫州没人再能抗衡曹操，但最近刘豫州连连挫败，怎么能担当如此大任！"

诸葛亮早已明白孙权已经有了联合刘备抵抗曹操的意愿，便献上对策："刘豫州虽在当阳长坂被曹操挫败，但随后迅速集结部众，算上关羽水军，精兵万名，刘琦部属也不下万人，曹操远征，身心疲惫，代价颇大，而且不熟悉水战。虽然他已收编荆州军，但熟悉水战的荆州军却心有不服，若是将军真能派出一名猛将，率军与玄德公联合，必定可以击溃曹军。待到曹军被击溃，必定向北撤退，那么如此一来，荆州和江东的势力都将强大起来，形成三足鼎立的形势，相互牵制。"孙权听后，迅速召集部下商议此事。

而曹操料定孙权对形势抱着观望的态度，又倚仗自己的实力，便信心满怀，雄心勃勃地决定挥师东下。他以为，孙权一定会惧怕自己的声威，乖乖投降。

这时，谋士贾诩提醒曹操要保持冷静，他说："孙权可不见得一定会乖乖投降。如今，丞相平定了北方，今天又降服了汉南，声名远扬。若是此刻能够利用荆州四郡的资源，休整部队，安抚百姓，那么时机一到，江东自然不战而服。如果急于出兵的话，我们的军队恐怕……"

"恐怕什么！"曹操仗着自己屡次凯旋的实力，根本不相信自己会在这一局上输掉，于是，他打断了贾诩的话，随手写了一封信，派人给孙权送去，信中说："近来奉天子之命，讨伐叛逆，军旗到处，刘琮降服。现在，我亲率大军八十万人，希望跟将军在吴国故地狩猎。"

孙权看了，这分明就是曹操在威胁自己，希望自己能够乖乖投降。孙权的部下看了无不胆战心惊，甚至有些人还害怕得哭了起来。长史张昭说："曹操挟天子以镇四方，我们抵抗他，自然是名不正、言不顺。再说了，我们凭借的是长江天险，如今曹操占了荆州，长江天险恐怕早就失去了优势。如果曹操水陆并下，敌强我弱，我们如何抵挡？不如归顺朝廷。"众人纷纷赞同。

但是，鲁肃却没有附和。等到孙权起身将要离开，鲁肃追将出去。孙权见鲁肃，便说："子敬，方才你一言不发，心中定是有了主意，你说吧。"鲁肃点了点头说道："刚才大家的议论我都听到了。这样的想法会让将军您误入歧途，您看像我这样的官职，若是归降了曹操，倒是可以再谋得一官半职，但是将军您却不可以。所以，还请将军早日做出决定。"孙权轻叹一口气说道："是啊，大家今日一谈，实在是让我大失所望。只有你的睿智思想与我一样，看来，只有你知道我的心啊！"

此时，周瑜辅佐孙权打天下，被派往季阳驻扎，鲁肃劝孙权召回周瑜，一起商量大事。周瑜接到命令，即刻返回，并根据当前形势，对孙权说："曹操虽然名义上是汉朝的丞相，其实就是谋权篡位的奸贼，挟天子令诸侯，人人得而诛之。而将军您是盖世英雄，又是名正言顺地继承父兄基业。据守江东广大地区，拥有精兵数万，理应横行天下。再说，曹操亲自前来，是为了让我等擒住他，怎么还要投降于他呢？再说，现在北方尚未真正平定，西北军阀马超、韩遂仍然驻守关西，那也是曹操的后患。此时，他却执意南下，定是仗着自己打了几次胜仗，高兴得忘了形。曹军向来善于马战而弱于水战。如今，竟然舍弃马匹，改用船舰，妄想跟吴越士兵在江河针锋相对，这不是自寻死路吗？

"而如今，正是严冬，千里冰封，战马没有野草可吃。曹操又驱赶着北方部队，盲目地进入错综复杂的川河地带，水土不服，必将患病。从这几点来看，曹操这次不顾一切贸然前行没有胜算。请将军分我数万精兵强将，挺进夏口，一定将敌军击破，以绝后患。"

孙权听后，甚是高兴，他猛地站起身，对着大家说："曹操早就有了推翻朝廷且自己篡位的意图。此前，只是顾忌袁氏、吕布、刘表和我。如今，其他英雄都已被他杀害，只有我的势力还在。我与曹操必定势不两立。周瑜出战，正合我意。周公瑾真是上天赐予我的良将！"

说罢，孙权将案桌砍断，坚决地说道："谁再说投降，就像这个案桌一样的下场。"当晚，周瑜又再次晋见孙权，说："大家看到曹操的书信，被他的军队吓得惊慌，不能正确地分析虚实，这也在情理之中。但其实，曹操所统率的直属部队，不到十五六万人马。如今，经过长途跋涉，早已疲惫不堪。而新编入的荆州部队，也就有七八万的人马，而且没有完全臣服。他的军心不稳，人再多也难以聚力。我只需要五万精兵，就足以攻克曹军。请将军不必担心。"孙权激动地说："知我者，公瑾也。只有你的见解与我相同。但是，五万精兵，一时之间难以集结，我已征调三万精兵，粮草、船舰、武器都已备好，你与鲁肃、程普先去，我在后方再继续集结队伍，作为你的后盾支持。"

二人达成共识，孙权随后便命周瑜、程普担任左右翼都督，鲁肃当赞军校尉（相当于参谋长），率军北上，与刘备共同抵抗曹军。

火烧赤壁，周郎巧用诈降计

曹操得意忘形，率领水陆两军自江陵出发，沿着江河向东进军，抵达赤壁（今湖北蒲沂西北），与周瑜、刘备联合军队相遇。果然不出周瑜所料，曹军内部因长途跋涉，水土不服，而后感染了非常严重的疫情，刚刚与联军蹴面，就打了个败仗。无奈之下，大军只得退回到北岸乌林，与联军隔江对峙。

曹操为了让北方的士兵能够在船上行动更加方便，防止将士们晕船，便采纳了谋士的建议，把大船用铁链捆在一起，这样就平稳多了。北方将士们纷纷感谢曹丞相的体恤之情，曹操见将士们心怀感激，更是对打下东吴有了信心。孙刘联军见曹操把大船都捆在一起，便想出了诈降和火攻的连环计。

建安十三年（公元 208 年）冬季，孙刘联军与曹军在赤壁展开了激烈的大决战。决战前夕，曹操意外收到了孙权前锋大将黄盖的一封密信，信中说道黄盖在孙权麾下受尽了排挤，尤其是受周瑜和鲁肃的欺负，准备投奔曹营，还约定了时间。

曹操以为如有神助，敌军大将来降，如虎添翼。他想也没想就信以为真，还命人去迎接黄盖。

这天，黄盖率十艘艨艟斗舰，直奔北岸曹营。这船上装满了芦苇秆柴，灌上油脂，外面还围起布幔，插上旗帜，又系了一些小船在船尾，以备安全撤离之用。就这样，每只船都扬起帆，快速向北岸驶去。曹军官兵都以为黄盖是来投降的，也没多提防，就站在岸边观看热闹。不一会儿，黄盖的船队就靠近了北岸边。这时，黄盖命人点燃了柴火，确保每只船都被点燃了之后解开了备用的小船，带着将士们安全地撤离了。而火被风吹得越来越大，十艘船像是离弦的箭一样冲向北岸，直冲到曹营舰群当中。瞬时间，曹营的船队都燃起了大火，不一会儿就蔓延到了岸上的营寨。一时之间，火光四起，烈焰冲天，曹营的士兵、马匹有的被烧死，有的坠入长江溺死。曹营之中哭喊声惨烈，死伤无数。

周瑜知道了江北的情况，立刻擂动战鼓，亲自率兵随后赶到，战鼓雷鸣，震彻天际，曹军顿时崩溃了。曹操在硝烟弥漫中只好带着残余的部队从小道向西逃走。

此时，天边刮起了狂风，原本沿途道路就泥泞不堪，队伍几乎不能前行。曹操只好命令老弱病残的士兵去背草铺路。骑兵部队这才勉强通过，而那些背草铺路的老弱病残士兵，被大队人马践踏之后，倒在泥泞中，死伤不计其数。刘备、周瑜水陆并进，在后面追击，一口气追到南郡（今湖北江陵）。

曹军大败之后，军营中面临两大难题，一个是粮草短缺，一个是瘟疫横行，人马伤亡过半，曹操害怕打了败仗的消息传到许都，唯恐朝廷发生变故，一刻不敢在荆州多作停留，便留下了大将曹仁和徐晃守在江陵，乐进守着襄阳，自己返回北方。

周瑜耗时一年多的时间终于将江陵攻了下来，迫使曹军退守襄樊。而与此同时，刘备将少数兵力用于协助周瑜攻打江陵，其他主力部队则南下攻占荆州长江以南的四个郡，扩大了自己的地盘。此时，三国鼎立之势已初具规模。

曹操用人礼贤下士，虚心接受意见，气度恢弘。尤其是在张绣归降时，他握手言和的气度实属不凡。而正是他这样的用人心态，使他身边常年围绕着一些能人志士，帮助他看清局势，勇往直前。

然而，曹操的迅速膨胀使得他一时脑热，权力的强大让他糊涂，胜利冲昏了他的头脑，他已经忘了兵不厌诈，忘了自己与对方的矛盾冲突究竟是什么，他也忘了自己凭什么能够让对方投降。他以为，对方所有的投降就是认真的。这才导致了他的失败。

多重手段，拼死抵抗孙刘军

曹操赤壁之战兵败之后，狼狈地逃回了北方。此次失败可以说是曹操二十余年南征北战最狼狈的一次。曹操心里不服气，对赤壁之战的失败进行了认真的分析和总结，对孙权和刘备的联盟优势进行了优劣势分析。

而赤壁之战以后，孙权按照当初盟约说好的，将荆州借给刘备。曹操得知了此消息，心中大惊，如此一来，刘备和孙权的联盟关系就更加坚固了，自己想要统一全国的宏伟蓝图就更加难以实现了。曹操必须对付联盟军，而只有让刘备和孙权二者关系松懈，相互抵触，自己才有机会下手。于是，他不仅在军事上开始大肆地准备，而且还开始拉拢和离间二者的关系。

建安十四年（公元209年），曹操派九江人蒋干前往江陵，企图说服周瑜投靠在自己的帐下。

这位九江人，名蒋干，字子翼，能言善辩，口若悬河，在江淮一带称得上是一个闻名遐迩的人物。蒋干在曹操帐下做谋士已有些日子，接到曹操的命令后，布衣葛巾，以个人私事的名义前往江陵。

周瑜相当聪明，听说是蒋干来了，便知道曹操想让他当说客劝降。于是，两人一见面，周瑜就笑道："子翼兄，远道而来，不辞辛苦，来替曹操当说客？"说完，便仰天大笑。

蒋干被当场揭穿，自然免不了有些尴尬，只得辩解说："我与足下是同乡，又是同窗，听说您如今建功立业，名扬四海，特来叙旧，分别了这么久，您怎么能说我是说客呢？"

周瑜自然是猜出了蒋干的意图，便故意说道："虽然我没有那么聪明，但还是能够猜得出阁下的来意。不过，既然阁下这么讲了，那么我只好设宴赔罪了。"

周瑜设宴款待蒋干。席间，周瑜有意无意地表明自己的态度："大丈夫有所为有所不为，这一辈子，如果能遇到明主，外托君臣之义，内结骨肉之恩，言听计从，祸福与共。那么，就算是苏秦、张仪在世，也不能说动我背叛明主。请曹公不必枉费心机了。"蒋干听了这番话，整场宴席也是无话可说，宴后匆匆告辞回了曹营。

回去之后，蒋干对曹操说："周瑜器宇不凡，心存忠义，劝降是很难办到了。"曹操听后，只得另想办法。一计不成，那就再施一计。

建安十六年（公元 211 年）冬，曹操又让阮瑀代笔，写了一封联姻信给孙权，信的大致意思是：希望把自己的侄女许配给孙策的小弟孙匡，又想让儿子曹彰娶孙贲为妻。其中，虽然指责孙权之前不守信用与刘备联手，而后又将话锋一转，指责这是刘备挑拨离间的后果，怪不得孙权。信的结尾，他还表示，如果孙权愿意，可以恢复以前的交情，继续之前的关系，甚至还可以给孙权封官加爵，担任治理江南的重任。

信里的内容很明显，就是拉拢孙权，挑拨孙权和刘备之间的联盟关系。给孙权一个甜头，必定会使他动摇，只要他靠近自己，远离刘备，那么目的就达到了。而与此同时，他还给刘备寄去了一封内容差不多的信，内容也是与刘备相叙旧情，希望与刘备坦诚相待。

他一共写了三封信，最后一封寄给诸葛亮，信中说："今奉鸡舌香五斤，以表微意。"他希望送丁香给诸葛亮，表明心意，其实目的都是分化和拉拢。

显然，从历史发展局势上来看，曹操的这些行动并没有起到多大的作用。不过，这也至少说明了他确实用尽心机破坏孙刘的联盟。

这是对赤壁之战大败之后的心有余悸，他意识到了，如果孙刘联盟，那么对自己的威胁必然不能小觑，可见，赤壁之战给了他极大的创伤。从这之后，他的战略和战术更加成熟了。

挥师关中，马超韩遂入其彀

赤壁之战的惨痛教训使曹操意识到，虽然自己的势力已经很强了，但一时之间还难以消除孙权、刘备两家势力，只有努力让北方在一个相对安定的环境下，发展农业经济，积蓄力量。他打算等到自己有了战胜孙权、刘备的能力之后，再攻打对方。于是，他的注意力主要转移到了巩固后方上，需统一关中，然后夺取汉中，进攻巴蜀。

曹操把注意力转移到统一关中上，遇到的一大难题就是马超和韩遂，他们在割据一方的将领里最强，其他一些将领虽然没有统一中国的野心，但大都兵强马壮，再加上关中复杂的地形，平定关中有些难度。而且，这些割据势力名义上还是朝廷的任命，若是草率攻击，恐怕难以服众。

为了能够让曹军名正言顺地进入关中，他扬言要夺取汉中，第一个讨伐的就是黄巾军的残余势力张鲁。曹操的理由很简单，就是这些地方的起义军阻挡了自己前进的步伐。

建安十六年（公元 211 年）春，曹操命驻扎在洛阳的司隶校尉钟繇率大将夏侯渊等将领，打着征讨张鲁的旗号进兵关中。果然，曹操兴兵进关中，割据一方的将领们纷纷警觉起来，立刻采取行动。马超、韩遂等十队人马联合叛变，一致推举马超、韩遂为总头领，率部众十万，据守潼关。曹操早料到如此，特意命安西将军曹仁率领大军继续前进，却尽量避开与对方交战。

夏季，曹操命曹丕、程昱守邺城，年近六十的曹操亲率大军西征。曹军迅速抵达潼关，各路军阀也向潼关集中，曹军的将领们都建议迅速出战，可是，有了赤壁之战的惨痛经历，曹操比以前谨慎多了。他告诉大家不要着急，需要耐心等待，让敌军多聚集一些，好一起歼灭。

军阀首领马超前来挑战，率领亲兵来到阵前，可是，曹操只选择固阵坚守，根本不打算出战。与此同时，曹操暗中命徐晃、朱灵，率步骑混合兵团四千人，从蒲坂津（今山西永济西黄河渡口）渡过黄河，在黄河西岸建立基地。

闰八月，曹军突然从潼关北渡黄河，先是士兵乘船过去，曹操又单独率虎贲武士一百余人，留在南岸断后。不几日，曹操涉险过河，抵达对岸。

曹操抵达蒲坂后，再渡黄河向西，沿着黄河修筑夹道，向南推进。马超等将领摸不清曹操的路数，只得退到渭口潼关。而曹操为了吸引更多的敌人，并没有和马超正面接触，而是派出小股军队四出游击，虚张声势，让马超等人无法判断曹操的真正意图。

这天夜里，曹操派士兵乘船进入渭水，迅速搭建浮桥。后半夜，曹军的部分主力部队已在渭水南岸筑下营寨，设好埋伏。等到天亮，马超才发现曹军已渡过渭水，对自己构成了极大威胁。但是，等马超出击时，却被早已埋伏好的曹军击败了。马超只好放弃潼关，退到渭水以南，马超表示愿意割让黄河以西的土地作为交换条件，想要与曹操讲和，曹操先是假装答应，实则继续进攻。

一个月之后，曹军全部渡过渭水，马超欲趁曹军立足未稳予以迎头一击。可是，即便是主动出击，曹军还是故伎重施，不作反应。马超仍然摸不清曹操的意图，心中不免忐忑不安，不敢贸然进攻。

曹操虽然表面上毫无反应，但不代表帐中没有做出对策。他采纳了贾诩的建议，采取离间计，让马超和韩遂相互猜忌，搞得两个人貌合神离。曹操一看，时机到了，他便约定了决战日期。先是采用轻装部队突然袭击，一阵厮杀之后，再突然投入主力军。马超和韩遂难以抵挡，便各自带着人马逃奔凉州，其他将领也被击溃。

平定关西之后，曹操率军回到长安城。众将领实在不解曹操的做法，便问道："当初，马超主力军据守潼关，渭水北岸没有敌军兵力，我们为什么不直接从河东攻打冯翊（今陕西高陵），反而把重兵集结在潼关之下，然后再北渡黄河，这不是多此一举吗？"

曹操笑着说："当时，马超等将领据守潼关，我们的主力军一旦进入河东，敌人就会沿着黄河布防，严密把守渡口，那么我们就无法强行渡河。但是我把主力军集中在潼关城中，吸引敌人的主力军，这样黄河两岸的防备自然就松懈了。如此，徐晃、朱灵两位将军才可以这么轻易地取得西河（今陕西北部）。后来，我从潼关北渡黄河，马超等之所以愿意割让西河，就是因为有两位大将军已经先进入了那里。我们用车辆和树木，沿着黄河向南修筑夹道，一方面是能够安全渡过黄河，另一方面也有意向敌人示弱。渡过渭水之后再筑营，敌人自会猛攻，但这时我们不应战，就让对方有了信心，必然骄傲，以为这一切很快就会结束。他们自然就没有做长期迎战的准备。而后来的割地求和，我接受这一切，是为了让他们以为已经获得了安全保障，放松警惕。然后攻击一旦开始，他们就没有了胜算。"

而事实也是如此，渭西这一仗，完全是按照曹操的计划来进行的，主动权被曹操牢牢地控制在手中，这显示了曹操高超的军事才能。而后，韩遂在逃归凉州之后，被部下杀死。而马超退到陇上，先投奔张鲁，转而又投奔了刘备。经此一役，曹操基本平定了西北地区，夏侯渊又占领了陇右，北方基本算是完成了统一。

自知之明，收复关陇不望蜀

原本，曹操想要接着攻打汉中，但是无奈在河北的腹地发生了起义，田银和苏伯为首的农民起义军，在河北迅速崛起。曹操闻讯赶紧率军回到河北，后又来到邺城。这时，田银和苏伯的起义军已被击溃，形势也逐渐稳定。曹操怕匆匆出兵会让心怀鬼胎的残余分子再度起义，又担心孙权会趁机骚扰，思来想去，决定率兵四十万，直指东吴，想靠强大的军事力量震慑孙权，使他不敢轻举妄动，如此一来，就有了平定西北的机会。

建安十七年（公元 212 年），曹操在朝野内外的声望达到顶峰。正月，汉献帝下诏特许曹操"赞拜不名，剑履上殿，入朝不趋"。这让曹操的权力欲望更加膨胀，养精蓄锐，在当年的十月，曹操亲自率兵前往东南征讨孙权，以图统一天下。

建安十八年（公元 213 年）正月，曹操在濡须口击破孙权的江西（长江西岸）大营，孙权亲率七万人的江东部队抵御。这场战役，僵持了一个多月。期间，曹操多次观察东吴的船舰、武器以及军队阵容，东吴的阵容严整，颇有章法，不免慨叹："生子当如孙仲谋！"

两军僵持不下，孙权给曹操写了一封信说："春季已到，江河水势将涨，北军不习水性，阁下应该迅速撤退，以免出现不测。"还附一张小纸条："足下不死，我不能安枕。"曹操读后，颇为感叹，对手下说："孙仲谋果然没有骗我。"于是，他下令撤退。

夏初，汉献帝将冀州的十个郡封给曹操当作采邑，因为曹操长期驻扎邺城，邺城既是十郡之一，又是魏郡太守的治所，再加上冀州的这十个郡土地肥沃，人口众多，因此，称这冀州十郡为"魏国"，加封曹操为"魏公"，兼任丞相和冀州牧。

盛夏，曹操在魏国开建天地祭坛和曹姓祖先祠庙。可以说，曹操已获得了得天独厚的待遇，可是，为了能够更好地在朝廷一呼百应，群臣唯是，他强迫汉献帝纳了自己的三个女儿为妃，而且妃嫔级别都是第一级的"贵人"。

再说刘备这边，趁着曹操与孙权交战，进攻益州（今四川成都），取代刘璋做了益州牧，又命关羽镇守荆州四郡。蜀中算是彻底归了刘备。

建安二十年（公元 215 年），阳春三月，曹操亲率大军攻击张鲁，后张鲁投降。七月，大军进抵阳平关（今陕西勉县西）。

据说，阳平关下，南北两山相距甚远，难以持久据守。有人劝曹操尽早发兵阳平关，曹操采纳了这一建议。但是，等到兵临城下，才发现根本不像想象中那样。敌军早已严阵以待，曹操这才知道上了当。无奈之下，曹操只好下令进攻阳平山上的各城池。山陡如削，无法攀登，一时难以攻下，士兵伤亡惨重，曹操心情沮丧，只好班师而回。

曹操一生历经无数战役，近三十年的时间，他一直在作战，论险境，论艰苦，这都算不得什么，可能是年事已高，他没了那么大的精力，接受了这次的无功而返。

曹操命令大将军夏侯惇、将军许褚，传唤已攀登上山的部队撤退。但是，山中地势崎岖，前锋部队在夜间迷失了方向，误打误撞闯入了张卫的大营，张卫不知真假，还以为是曹操趁机来劫营，吓得纷纷逃走了。夏侯惇、许褚急忙将这个消息告诉了曹操，曹操趁机下令攻打张卫大营，一举歼灭了张卫军团，攻下了阳平关。

丞相主簿司马懿建议曹操："如今，刘备刚占据了益州，蜀民显然心不服。而他又正在跟孙权争夺江陵之地，这个好机会不容错过。我们攻占汉中，益州震动，若是大军压境，他们势必会瓦解。圣人行事，要顺应时机啊。"

曹操的另一个谋士刘晔也认为，若是不趁机攻占蜀地，那么等到刘备和诸葛亮遍施恩泽，安抚百姓之后，人心一稳定，就不易攻破了。曹操听后，却陷入了沉思。最终，曹操决定放弃，他说："人不能不知满足，我们既然已经得到了陇地，就不要再奢望蜀郡了。"说完，就下令回去了。若是此时出兵，曹操的胜算很大，可惜，他就这样错失了良机。

节节败退，拱手让人以汉中

建安十六年，即公元 211 年，刘备以帮助刘璋讨伐张鲁的名义进入益州，北进至葭萌便停军休息，以法正、张松为内应收买人心，后来事情败露张松被杀，与刘璋反目成仇。刘璋派遣刘璝、冷苞、张任、邓贤等在涪陵阻击刘备，但都没有成功，张任逃亡，其余皆死，刘备进军洛城，法正在庞统攻城时中箭身亡后继任谋士之职，一年以后，洛城攻破，张任拒降被杀，不久，简雍劝降了刘璋，刘备遂自领为益州牧。

　　曹操眼见刘备已得益州，而作为益州的门户汉中还在张鲁手中，刘备必然会攻而取之，于是想赶在刘备之前夺得汉中。

　　先来介绍一下张鲁此人。张鲁，字公祺，祖籍沛国丰县，东汉末年割据汉中一带的军阀，据说是西汉留侯张良的十世孙，五斗米道即天师道教祖张陵的孙子，为五斗米道第三代天师，在其祖父、父亲死后继续传播天师道，并自称为"师君"，雄踞汉中近三十年。

　　建安十九年（公元215年），夏侯渊等在西线连续击败马超、韩遂、宋建等，完全控制了陇右、河西等凉州之地，消除了南攻汉中的侧翼隐患。建安二十年，即公元215年，曹操率十万大军浩浩荡荡地向汉中挺进，而张鲁方面的兵力只有张卫、杨昂、杨任率领数万兵马据守阳平关一带，再加上张鲁在南郑的部队和北线少数监视秦岭谷口的部队，总人数大概五万人。

　　三月，曹军到达陈仓，击破了沿途伏击的氐人；四月，大军从陈仓出散关进军到达武都的河池一带，受到氐王窦茂阻击；五月，攻克河池，斩杀氐王，打通了南下的道路；七月，军队主力到达阳平关一带，此时，张鲁部下张卫带领大将杨昂、杨任，率领数万兵马，凭借险要的地形，坚固的防御，有力地抗击了曹军，但是曹操足智多谋，佯装撤退，麻痹了张鲁部队，使张卫等人放松了对阳平关的戒备，于是，曹操准备夜袭阳平关，正巧半路迷失方向，误打误撞驱赶了数千只野麋冲进了张卫的军营中，导致防御工事损毁，曹军趁虚而入，占领了部分敌军营垒，张卫吓得魂飞魄散，命令部下放弃阵地，匆忙逃跑。

由于阳平关地理位置的特殊性，曹军占领阳平关就相当于打开了汉中的西大门，于是汉中岌岌可危，张鲁见状打算就此投降曹操，但是他的部下劝他说："今日您的处境是被迫投降的，曹军接受了您的投降也会轻视您的，不如先派人抵抗，您先撤退，或许会有转机。"于是张鲁逃往巴蜀，临走时命令部下不要烧毁汉中等地的仓库，他说："我本来是想要为国家效命的，但是一直没能达偿所愿，我今天离开也是迫不得已，钱财与粮食本来就是国家的，我把它们还给国家。"于是他将各种账本加以封存，留给了曹军。

曹军顺利进驻汉中，张鲁在逃亡不久也归降了曹操，官拜镇南将军，封阆中侯，食邑万户。

曹操得汉中后，司马懿建议曹操说："刘备刚得益州，人心未稳，现在他又在江陵与孙权争夺土地，这是我军袭击他的最佳时机，我们占据着汉中，到时大军压境，益州必然土崩瓦解，您一定要早下决断，否则会错失良机。"谋士刘晔对此也认为，如果不及时乘胜进击，占领蜀地，等到刘备班师回朝安抚民心，就不好攻取了。曹操听后思考良久，说道："如今我们离开朝廷已经很久了，解决后方的叛乱才是当前任务，既然得到了陇地，就先不要再奢望得到蜀地了，我们先回去吧。"于是他留夏侯渊、郭淮、徐晃、张郃等镇守汉中，不再进攻。

正是这个决定给了刘备一个喘息的机会。

建安二十二年（公元 218 年），在解决了与孙权的问题后，刘备派遣张飞、马超、雷铜、吴兰等人攻打下弁，曹操派遣曹休、曹真、曹洪等人抵抗。第二年，张飞屯兵固山，佯装要截断曹洪后路，但被曹休识破，曹洪突袭吴兰，吴兰、雷铜等战死，马超、张飞撤退。七月，刘备攻据阳平关，曹操紧忙部署救援，九月抵达长安。建安二十四年，刘备放弃阳平关，南渡沔水，扎营定军山，夏侯渊闻讯赶忙来抢定军山，刘备夜袭夏侯渊，猛攻张郃，夏侯渊亲自率兵解救，与黄忠短兵相接，不敌，其被黄忠斩杀，曹军士气大减，人心惶惶，为了稳定局面，张郃暂时统领汉中诸军，三月，曹操率领大军抵达汉中地界，进驻阳平关，刘备占据险要地形，在山上安营扎寨，固守不战，与曹军对峙。

这时的曹操虽然大军在手，但是消耗巨大，不得不将数千囊粮草搬运到北山囤积，并派重兵把守，黄忠与赵云商议决定互相接应前去劫粮，黄忠不慎中了曹军埋伏，赵云将其及部下解救，曹军紧追不舍，追至赵云营前，赵云大开营门，偃旗息鼓，曹军怀疑有埋伏，打算撤退，赵云竟趁机反击，曹军大惊，自相践踏，伤亡惨重。而后刘备开始主动进攻，早已过花甲之年的曹操变得极为被动，节节败退，五月，强迁汉中百姓退出汉中，撤回长安，刘备占领汉中，不久便自称汉中王。汉中之战以刘备胜利而告终。

此时年迈的曹操本来就因为之前损失爱将夏侯渊等人而痛心不已，接着不久便失了汉中，又一次次损兵折将，爱子又陷于危险境地，考虑再三，打算放弃许都，后来由于谋士司马懿献上妙计，利用孙权刘备之间的矛盾，使孙权击败并斩杀了关羽，这才解了许都之危。

客观地说，之前曹操集团的实力是明显高于刘备集团的，自汉中之战以来，曹操逐渐显现出了大不如前的状态，也许是上了年纪，身体不支，也许是轻敌大意，也许是敌方将领能人太多，总之，汉中之战曹操败了。

围魏救赵，神机妙算解危机

三国鼎立前期，曹操、刘备、孙权相互争权夺利，阴谋阳谋频出，奸诈诡计搞得作战双方自乱阵脚，其中，曹操十分擅长运用此计谋。这三个人之中，只有他总是想着利用刘备和孙权来成就自己的霸业，而刘备和孙权却从没想过利用曹操做些什么。

赤壁之战以后，襄阳、樊城就成了曹操的领地，这里是荆州北部的军事重镇。这时曹操还没有实力攻下江南，但不代表曹操没有这样的野心，他一直派重兵把守在这里，等待时机。可想而知，荆州这块宝地，必是天下英雄豪杰必争之地。

诸葛亮曾在《隆中对》中提道："占据荆州，出兵宛、洛，兴复汉室。"可见它的重要性。

建安二十四年（公元 219 年），为了争夺有利条件，刘备决定发动襄樊战役，为保证此战胜利，特意派出了大将关羽组织这场大规模的进攻。关羽派两个猛将留守江陵和公安，自己率领大军前往樊城。

在樊城留守的将领曹仁迅速向曹操求救。曹操派了于禁、庞德两员大将率领七支人马前去支援。曹仁则命士兵在樊城北面平地上把守，堵住关羽攻城的路径。

就在双方僵持不下的时候，樊城一带下起了大雨，汉江水面猛涨，高出地面一丈多。于禁的军营扎在平地上，被涌进来的水冲乱了军营，七军全部被淹。于禁和他的将士不得不另寻他处避水。

关羽抓住了这一机会，趁于禁被大水冲得无处可去的时候，安排了一批小船，率领水军向于禁大军进攻。他们把于禁围住，让他放弃抵抗。而于禁被逼得无路可走，只好垂头丧气地投降了。

再说另外一边，庞德带领一队人马避水到了一处河堤上，关羽的水军向他们进攻，船上的弓箭手向河堤上射箭。庞德一队无处躲藏，众士兵都慌了神，有位士兵对庞德说："不如我们还是投降吧。"庞德正处在气头上，见士兵这样说，便拔剑砍了这位士兵的头。众士兵一看庞德心意已决，只好跟随将领拼死一战。最终，庞德只带了三名小将从中逃出，抢了敌军一只小船，打算逃走。却不料，被一个浪头将小船打翻，庞德掉进水里，被关羽的水军活捉。

关羽带队凯旋而归，将士们将庞德带到关羽大营，关羽好言相劝，希望庞德能够投降于刘备。庞德却骂道："曹公手中百万人马，威震天下，刘备不过是一个庸人，怎么能跟曹公相比。我宁可做曹公的鬼，也不会做你们的将军。"关羽见庞德如此坚定，便只好命武士将他杀死了。

关羽打败了于禁和庞德，趁胜攻打樊城。樊城内外被大雨搞得全是水，就连城墙也被洪水冲坏了好几处。曹仁的手下也害怕关羽大军，便对曹仁说："如今，我们也没法守住这里，趁关羽的水军还没来，我们赶紧乘船逃走吧！"

曹仁也被说动了，就与守城的将领满宠商量逃走的事宜。满宠说："这洪水来去匆匆，过不了几天，水就会退下去。我听说，关羽已经派人由另外一条道上向北进攻了。但他却在这边与我们相持，说明他怕我们截了他的后路。不如，我们再坚持几天吧。我们这一走，可就将黄河以南的大片区域拱手让人了。"

曹仁也不忍放弃，便鼓励将士再坚持坚持。就在这时，陆浑（今河南嵩县东北）百姓孙狼发动起义，杀了县里的官员，响应关羽。许都以南，其他地方也有不少人响应关羽。关羽因此威震中原。

此时，曹操已稳固了自己势力，并称魏王。魏王曹操回了洛阳，得知于禁被俘、庞德已被关羽斩杀，心中不免有些慌张。他与心腹商量此事。

谋士说："魏王不必担心，刘备与孙权二者表面和谐，暗地猜忌。恐怕没那么简单。这次关羽声震中原，孙权必定心存嫉妒。我们不如派人去游说孙权，答应把江东封给他，与他相约一起攻击关羽。这样一来，樊城的危机自然就解除了。"

当时，曹操的军队已压境，孙权正左右为难：若是顺服曹操，抗击刘备，则面临唇亡齿寒的结局，刘备被击败，下一个就会是自己，若是赤裸裸地受到曹操的威胁，则只会对己不利。但是如果联合刘备抵抗曹操，那么就会得罪曹操。在实力上，自己还不是曹操的对手，也不利于自己未来的发展。孙权既有扩大的野心，又忌惮曹操的势力，一时难以抉择。

这边曹操也面临着类似的两难境地：若是将两者逼得太紧，很有可能促成孙权和刘备两家联合攻打自己，那么自己就会处于不利地位。但是，如果不施压，就无法一举击败刘备。而自己毕竟是远道而来，兵马众多，付出的代价自然也更多，这样的日子必定不会太长久。正在曹操两难之时，谋士荀攸趁机为曹操制定了合适的策略：一方面大张旗鼓地炫耀武力，一方面送信给孙权，邀孙权与曹军东西夹攻刘备，允诺事成之后，可与孙权平分荆州。

曹操听后，认为此计谋甚好，于是派使者去游说孙权。当时孙权和刘备以湘水为界平分荆州之后，孙权虽然表面上说要维护与刘备的同盟关系，但实际上还是想把荆州全部占为己有。他本就想借着关羽围攻樊城时，收复荆州。就在这时，曹操派来的使者可谓是锦上添花。

孙权担心自己贸然收复荆州时，曹操会偷袭东吴。这下曹操前来示意，他立马表示愿意为曹操效力。并回信说："不久我将派兵西上，偷袭荆州。江陵、公安两个要地，关羽若是失掉这二城，必定会自己逃走，樊城贵军被围困，不用救援就会自行解除。不过希望您保守这个机密，不要泄露，以免让关羽有所防备。"曹操非常高兴看到孙权的回信，他成功地利用孙权解除了自己的危机。

斩杀关羽，助孙权复得荆州

再说，赤壁之战以后，孙权占据了江东，刘备又向孙权借了荆州，占了益州。这样一来，孙权和刘备的矛盾日益尖锐起来，孙权怕刘备趁机扩大势力，便派人去讨要荆州。可是，刘备岂能轻易答应呢？双方就此事僵持不下，而后刘备听说曹操要进攻汉中，威胁到了益州，这才勉强答应平分荆州缓和了矛盾。

孙权、刘备关系得到了缓和，刘备便赶紧集中兵力与曹操争夺汉中。建安二十四年（公元219年）正月，刘备的大将黄忠在阳平定军山斩杀曹军大将夏侯渊，让曹军士气受挫。五月，曹操不得不退出汉中，刘备则趁机占领汉中，自称汉中王。

刘备在荆州三顾茅庐请出诸葛亮时，诸葛亮就对刘备说："若是掌握了荆州和益州两处重要地理位置，再安抚境内外的外族，以达到和平共处的目的，再与孙权和睦相处，那么即可对政治时势纵观全局。一旦有变化，马上就可以率荆州的军队，攻克宛城（今河南南阳）、洛阳，将军则带领益州大军，出秦川，攻向长安，这样一来，天下必能平定。"

建安二十四年，即公元219年，七月，关羽进攻樊城，正值暴雨频发的季节，大雨数日不断，汉水暴涨，樊城岌岌可危，当时樊城守将为曹仁，当时战况对曹军极为不利，曹仁一面坚守樊城，拒不迎战，一面向曹操连连告急请求支援。曹操心急如焚，派于禁、庞德等人前去援救。

由于关羽在此地长期征战，无论是地形还是气候都相当熟悉，他眼见曹军驻扎在低洼地势上，于是心生一计，马上命令部下连夜造大船，并调集水军，原地待命。

八月，河水疯涨，和岸上持平，大水沿着汉江故道河床低洼的地带分三路涌向罾口川、鏖战岗、余家岗到团山铺一带；唐河、白河、小清河及西北的普陀沟、黄龙沟、黑龙沟等地山洪暴发，洪水使罾口川、鏖战岗、余家岗、团山铺等区域内的积水五六丈深，于禁等七军营地皆被淹。

于禁与诸将士登高远眺，汪洋一片，他只好命众将士登上堤岸。关羽闻之，当即下令水军乘船猛攻曹军，并向岸上乱箭齐发，曹军犹如刀俎上的鱼肉，死伤落水还有被俘者众多，几乎全军覆没，于禁见状被迫投降。

庞德被擒却拒不投降，关羽只好将其斩杀。

　　曹操听闻于禁被擒，樊城被围，心中不免惊慌失措，他召集百官商议，打算暂时放弃许都，避开关羽的锋芒。此次迁都不仅劳财伤民，而且政治影响深远。曹操面对关羽的猛烈进攻，选择的是退缩而不是进攻，这说明他早年的雄心已退了大半。

　　司马懿则竭力劝阻迁都一事，他认为："樊城被水淹了，但是对我军并没有那么大的影响。如今，虽然刘备和孙权表面交好，但内部矛盾却不小。关羽得志，孙权必定忌惮。我们为什么不派人去劝说孙权，让他趁着关羽后方力量空虚，来个偷袭，关羽必定回去救援。这样一来，我们就有了很大的胜算，我们以答应给孙权江南为诱惑，樊城自然就解围了。"

　　曹操觉得言之有理，便一面下令让曹仁坚守城池，一方面派人劝说孙权，同时，还把这个消息特意泄露给关羽。另一方面，曹操还派了徐晃领援军去救樊城。徐晃借孙权偷袭之际，猛力反攻。关羽与徐晃相持不下，很快，南郡、江陵双双失陷，关羽只好从樊城撤退。一路上，逃散的士兵无数，一下子就失掉了整个荆州。

　　关羽无路可逃，只好退到麦城。而吕蒙率兵包围了麦城，关羽又从麦城逃走，但在路上被吕蒙擒获，后送到东吴被杀。而孙权怕刘备责怪自己，便将关羽的人头送给了曹操。

　　曹操这一次的反击，很好地利用了刘备和孙权的矛盾，消灭了关羽，不仅对解除襄樊之围有利，而且使蜀汉失去了荆州这块根据地。而此时，距离曹操去世还有不到两个月的时间。

　　此时的曹操已然病重多时了，又为前方战事日夜操劳，心力憔悴，头风病日益加重，每每汤药过后也不见好转，神医华佗也被他所杀，这次日夜兼程地赶回洛阳，风餐露宿，舟车劳顿，导致旧病复发，请医问药也不见好转，身体每况愈下，于建安二十五年（公元 220 年）正月二十三日离世，享年六十六岁。一代枭雄就此离世，不禁让人扼腕叹息。

自从经历了赤壁之战的惨败之后，曹操昂扬的斗志似有所减，开始养精蓄锐，原来有着一统天下的勃勃雄心也随着时间慢慢地磨平了，后来的汉中之战又以惨败收场，当关羽水淹七军，围困樊城时，曹操竟然首先想到迁都避难，有如董卓所为，而不是如何抗敌，可见年迈的曹操已无当年锐意进取之心了。

第八章
革新弊政，强兴经济谋发展

推广屯田，水利农业两不误

曹操的一生，不仅在军事上展现了非凡的才能，而且从他的治国之道来看，也很有政治头脑。他的政治理想以"富国强兵，崇尚法治"为主，又讲求儒家的仁义礼让，注重德治，以兼容并蓄为主要思想。

曹操认为，一代明君在治理国家时，应该以人民为主，要能够让人民得到足够好的休养生息，要任用贤能的官吏来管理百姓。为了给百姓创造经济繁荣、安居乐业的生活条件，曹操特别注意对豪强势力进行打压。

毫不留情地打压豪强是曹操的一贯作风。这一点，可以从他出任洛阳北部尉和济南相时充分体现出来。虽然他那时候年纪尚轻，官职不高，打压豪强却毫不留情。再到他后来官居高位，这种注意优选得力官员的做法还是没有改变。

曹操在军事上更是如此，说一不二，步步为营，随着自己地盘的不断扩大，统治区域不断增多，在政治和经济方面也需要占用他不少的精力。他采取的是较为开明的措施，在占据邺城之后，他推行了一些进步的政策，以期望稳定百姓。

可是，曹操颁布了一些改革政策不假，执行起来却成了大难题。很多执行官员由于各式各样的原因不能有效地将法令实行下去。曹操占据冀州之后，得知了邺城的治安混乱，便立刻命严于执法的杨沛前去治理邺城，出发前，曹操还特意叮嘱他要加强管理。

平日里，曹洪、刘勋等人作威作福，听说杨沛奉命回邺城，吓得他们赶紧派人前往邺城告诉自己的子弟门人要检点，不可胡作非为。其他豪强听闻杨沛的姓名，都忌惮不已。邺城的治安一下子转变了不少，数年间，政通人和，而杨沛也因能力突出被提拔为护羌校尉。

而曹操的另一部下司马芝出任济南郡菅县长的时候，境内豪强地主横行霸道，无视法纪。郡主簿刘节宾客上千，仗着自己有些势力，飞扬跋扈。

司马芝按规定征发王同等人服兵役，可是，这些人却仗着自己是刘节的宾客，躲避兵役，而刘节也徇私包庇。司马芝向郡守报告了刘节的不法行为，济南太守郝光素下令让刘节本人代替王同服兵役。就这样，青州的百姓纷纷夸赞司马芝"用郡主簿为兵"。

后来，司马芝调任广平（今河北永年）县令，征虏将军刘勋家的门人子弟仗着刘勋曾与曹操是旧友，贵宠骄豪，完全不把法纪放在眼里，肆意欺压百姓。司马芝将其抓捕，打算严肃处理，刘勋给司马芝写信，希望他能网开一面。可是，司马芝完全不予理睬，对这些子弟一律严惩不贷。

曹操励精图治，部下之人也都严肃吏治。除了吏治上雷厉风行之外，他还强调兴经济谋长远的理念，在政策上做了一些调整，以刺激经济的恢复。当时，曹操占据冀州，曾亲自督促修筑天井堰，对西门豹渠也加以疏浚，引漳河水灌溉邺地。曹操特意将天井堰修了十二条堤堰，灌溉的范围很广，帮助大多数自耕小农种私田。

而且，为了抑制豪强商贾的经济力量，以保证国家能够有正常的财政开支，曹操恢复了盐、铁官营的政策。

实行盐、铁官营政策后，不仅可以抑制豪强商贾的经济力量，还打击了有割据称雄野心的人，同时增加国家的财政收入。这两者都是与人民生活息息相关的生活必需品，恰好可以改善人们的生活。

而且，曹操为了解决军粮不继的情况，采取屯田的方式。第一年就获得了很好的效果，而后逐步完善了屯田制，推广到更多的地方。连续几年的时间，官库充盈，百姓安居乐业。在实行大规模的屯田过程中，为了能够提高粮食的产量，曹操还注意兴修水利，使耕种的田地能够得到更好的浇灌。

夏侯惇曾在陈留郡带领将士一起阻断太寿水作陂（塘），史称"太寿陂"。这一做法不仅让屯田的将士更便利地种植水稻，而且让附近老百姓的私田也沾了光。

扬州刺史刘馥推广屯田，修治和兴建了芍陂、茄陂（又作茹陂）、七门堰、吴塘等水利工程，以灌溉稻田，不仅让官家的屯田地有了更好的收益，而且让百姓家的私田收益颇丰。

为了能够更好地推广种植水稻屯田，曹操曾多次亲自勘察地形，还结合许都一带的特殊地势——低洼、水量充沛的特点，亲自现场推广种植。根据地方志记载，当年枣祗在许都管理屯田，还曾组织军队在附近挖了运粮河、高低河、枣祗河等多条河渠。与此同时，还引水灌溉田地，使得粮食产量大增。白田（旱田）、水田亩收十余斛，粮食储备大大增加。

曹操推广的屯田制有了成效，又加上他的一再号召和鼓励，越来越多的郡县开始实行屯田制。

河北，刘靖依高梁河立水门，"凡所润含四五百里，所灌田万有余顷"。贾逵为豫州刺史，"外修军旅，内治民事，遏鄢汝造新陂，又断山溜长溪水造小弋阳陂。又通运渠二百余里，所谓贾侯渠者也。"在淮、颍广开淮阳、百尺二渠，又修陂于颍之南北，溉田万余顷，"自是淮北仓廪相望，寿阳至于京师，农官屯兵相属焉"。徐邈为凉州刺史，"又广开水田，募贫民佃之，家家丰足，仓库盈溢"。河内，司马孚为野王典农中郎将时，于沁水垒方石为门，"若天旱，增堰进水，若天霖雨，陂泽充溢，则闭防断水空渠"。

典农功曹邓艾曾亲自督导陈留、寿春、项城的屯田事宜。经实地考察，又结合经验，编著了《济河论》，里面详细地陈述了治水开渠的方法和策略，他在陈留、项城、寿春屯田六七年，积谷三千万斛。从此以后，这里有了供给储粮的地方。免除了曹军在长途征伐的时候负担运粮之苦，为抵抗孙权，打下了良好的基础。

夏侯惇做陈留太守时，正好赶上大旱，导致蝗虫泛滥成灾。他亲自率领官兵作陂蓄水，鼓励百姓广植水稻，从而取得了良好的收成。

刘馥在扬州、郑浑在召陵和京兆、朱光在皖南也主张兴修水利，开垦荒地，广植水稻。这些良政，让长期处于战事期间的百姓能够民安于农，官兵和农民都有所积蓄，这是多么可贵的景象。

郑浑在去召陵前，这个地方因连年战争搞得人民十分困苦，大多人家都是生了孩子也养不起，对农业生产也毫无兴趣，满城都是一种消极状态。郑浑到召陵后，先是教农民"课使耕桑，兼开稻田"，又"重去子之法"。慢慢地，百姓生活日渐好转，家里的孩子也得到了很好的照顾。有的家庭为了感激他，还将自己的子女取名"郑"字。

庐江太守朱光在皖地大开稻田，广植水稻。这让东吴的大将吕蒙看在眼里，他认为："皖田肥美，若一成熟，彼众必增。如是数岁，操态见矣。宜早除之。"同时，他还建议孙权能够效仿。可见，当时曹操的屯田成果是多么的显著。

不出几年，中原一带的土地每年都有数千万斛的谷物收获，兵足粮足，民众富裕。屯田收到了这么好的效果，使得割据东南、西南的孙权和刘备也纷纷效仿起来。孙权屯田也分为军屯和民屯。采用军事编制，由典农校尉和典农都尉负责管理屯田事宜。为了更好地支持农业生产，孙权还亲自将自己驾车用的八牛改成了耕牛。刘备和诸葛亮也以汉中为屯田据点，招募农民屯田，并派汉中太守吕乂"兼领督农（主管屯田），供给军粮"。

曹操的这一系列兴邦之举，推广的农业措施，大大解放了生产力，一下子就解决了温饱问题、农业生产、军事供给、社会安定等问题，使残破的社会经济得到了迅速的恢复和发展，使得农民有了稳定的生产能力和良好的生活环境，很大程度上减轻了整个社会的痛苦，也使得政权更加稳定了。这为曹操统一大业提供了良好的物质基础。

在解决军粮和恢复农业生产的问题上，曹操的谋将枣祗功不可没。他是早期跟随曹操讨伐董卓的将领。后来，曹操占领兖州后，任命枣祗为东阿县令。枣祗固守东阿，对巩固兖州根据地起到了重大作用。当年，曹操与吕布争夺兖州时，兖州所属郡县大部分背叛了曹操，投降于吕布。只有东阿、范县和鄄城三地得以保全。

曹操迎汉献帝到许都后，枣祗考察了当地的情况，认为由于连年战乱，致使这里土地荒芜，军粮不足。于是，他和韩浩一起建议曹操兴办屯田，发展生产。枣祗向曹操提出屯田时，理由十分充分，他认为，一是"承大乱之后，民众离散，土业无主，皆为公田"，二是"得贼（起义军）

资业，自然，枣祗的屯田建议得到曹操的赞成和支持。

曹操立即封枣祗为屯田都尉，由他来负责屯田事宜。在制定屯田政策，实施屯田的具体过程中，枣祗也是积极出谋献策，多次向曹操提出合理建议。当时的曹操还没有狂妄到听不进去别人的建议，还能够虚心接受他人的意见。因此，当枣祗的正确意见遭到曹操反对时，也不气馁，继续坚持自己的意见，不怕忤逆曹操。他甚至三番五次地找曹操辩论，并且列出详细的规划，反复耐心地解释自己的意见，直到曹操接受为止。

正是枣祗这样坚持不懈的努力，做到了详细规划、合理布置、实地考察、具体指导，才使得屯田得到了巨大的成功。在屯田这件事上，枣祗立下了大功。曹操在枣祗死后，追封他为陈留太守。曹操曾这样评价他："故陈留太守枣祗……反复来说……孤乃然之，使为屯田都尉，设施田业。其时岁则大收，后遂因此大田，丰足军用，克定天下，以隆王室，祗兴其功。"可见，枣祗对曹操，对当时农业发展的重要影响。

社会风尚，严厉打击歪风邪气

建安五年（公元 200 年），曹操颁布《为徐宣议陈矫令》："自从国家发生祸乱以来，社会风气败坏，诽谤的言论，难以用来评判人们的好坏。建安五年以前发生的此类事情，一切不再追究论处。今后如用断限以前的事情来诽谤别人的，就用他加给别人的罪，加在他自己身上。"

这条法令的颁布，象征着曹操对整肃社会风尚，打击内部分裂势力的力度逐渐增大。从制度上，杜绝再有结党营私、造谣诽谤、颠倒黑白的歪风邪气出现。

徐宣和陈矫都是曹操的司空掾属，这二人向来合不来，经常互看不顺眼，故意找茬儿闹矛盾。

徐宣经常在大庭广众之下肆意地侮辱、诋毁陈矫，作为曹操的司空掾属，这样的人身攻击不仅有失身份，而且不利于官僚内部之间的团结。为了防止这种恶意的诋毁风气蔓延，曹操立刻颁布了以上的命令，及时遏制了人身攻击及诽谤言论的泛滥。

曹操对于这种无中生有、黑白颠倒、居心叵测之人深恶痛绝。有一次，曹操占领冀州后据守邺城，发现有人写信匿名诽谤他人，非常气愤，下令一定要查个水落石出。他命令魏郡（治邺城）太守国渊彻查此事。

国渊不敢怠慢，拿来匿名信仔细研究对比，发现其中有多处引用了张衡名篇《二京赋》的字句，于是，他特意选拔了一些少年，以拜师求学的名义，专门访求能够讲读《二京赋》的学者为师。少年们四处寻找这样的人，然后把寻找到的人都送到国渊这里。结果，府吏将老师的亲笔书信和诽谤信的字迹进行比对，发现诽谤信出自某位老师之手。于是，国渊立刻下令拘押此人，连夜审问，终于弄明白了他的作案动机，顺利地完成了追查诽谤信的任务。此事过后不久，曹操便擢升国渊为太仆。

曹操清楚，若是这种颠倒黑白、诽谤诬陷的歪风邪气泛滥开来，不仅关系到个人的品德修养问题，还可能会关系到朝政能不能更好地治理，政府统治是否可以长治久安。这才是曹操一定要下功夫整治的原因。

曹操自少年时期就经常不服从管教，到处惹是生非，自然对下层官府拉帮结派、结党营私的事情了如指掌。他经常提醒各位官员之间不要相互争夺名利，不要私下勾结，要尽心尽力地为国效力，勤政于民。他还发布了《礼让令》，其中说道："俗话说：让人一寸，受人一尺。这是合乎经书的要旨的。辞让爵位和俸禄，不因为争利而伤害自己的名声，不因为追求高官显爵而损害自己的品德，这就叫作礼让。"

他倡导百姓和百官要有礼让之风，不仅稳定了上层集团的内部关系，而且减少内耗。为了能够更好地稳定治安，他在平定冀州之后，还特意下令，允许袁氏兄弟的其他同伙改过自新，不许他人报私仇，不许大办丧事，否则一律严惩。

改革赋税，改善生活的秩序

曹操除了听取枣祗等人的意见，广泛推广屯田制，使百姓生活得以提升，军粮得以充足。他为了更好地发展农业生产，稳定社会秩序，还需要增加税收来增强军事储备和经济实力。

虽然，实行屯田制能够向佃农收取一些地租，还能通过扶持小农，让劳动力与私有土地结合起来，向自耕农、半自耕农收取地税和人头税，即"田租""户调"。

但是，小农本身的生活非常艰苦，收取地税和人头税只会加重他们的负担。但增强军事储备和经济实力需要经费。于是，曹操便想到了采取措施打击豪强地主兼并土地的方法，免去转嫁到农民头上的赋税，还实行了程度较轻的赋税制度。

建安九年（公元204年），曹操在占据冀州之后，颁布了《抑兼并令》，内容是曹操推行的新的赋税制度——"田租""户调"制。

这是一项对赋税制度的新改革，从当时的实际情况出发，减轻了农民的负担，有积极的意义。新的"田租"制，定额也比之前的有所降低。另外，新的"田租"制使自耕农、半自耕农在增产的情况下也不用多缴纳税费，这就鼓励了那些自耕农民的生产积极性。

就"户调"制来说，按户征收，在战乱不断的东汉末期更加便于实行。家庭人口增加了，也不再增加户调额，这有利于小农经济的发展。

这些改革使得农民的经济生活得到了改善，有利于发展生产。而那些地主官僚们也只得按照规定向上缴纳赋税。曹操认真对待赋税，甚至要求自己家乡谯县的县令按照规定收取他家的应缴赋税。他要求任何人必须严格依法纳税，而政府必须依法收税。谁若是抗税，一定会受到严惩。

随着统治地区不断的扩大，曹操所管辖地区内的地主、自耕农、半自耕农拥有的私有土地，大大超过了屯田的国有土地。而曹操征收的地税也越来越多，很好地解决了官吏和军队的供养问题。曹操还特意招徕和安抚那些流亡的百姓，扶持他们开垦荒地，恢复和发展小农经济。他会按照各郡县增加的户口数目和垦田数目赏罚地方官员。

当时，正逢战乱，从关中地区逃到荆州的流民就有十多万家，随着北方逐渐统一，流民的家乡都恢复了安定的秩序。后来，流民都希望回到家乡，可是他们的土地已经被国家收走，无法进行生产劳动。

于是，留镇关中的官员就建议实行食盐专卖制度，收入用来购买牛、犁等耕种物品，专门提供给归乡的流民，帮助他们耕种丰收。曹操批准了这样的建议，从而使流民的生活得以恢复和改善。

苏则在金城当太守时，也是因为战乱，导致居民穷困潦倒，百姓流失率大，苏则为了安抚他们，便把从"羌胡"那得到的牛羊拿来赡养贫民和老人，还把粮食分给大家吃。不到一个月的时间，流民归来。苏则就亲自劝教他们种田，结果取得了很好的效果。

梁习为并州刺史时，曾针对原来居民大量北逃的情况，作过仔细的调查，他发现，这里仍有一些叛乱的豪强。于是，他迅速做出反应，一方面对豪强进行镇压，一方面安抚老百姓。很快，边境得到了安宁，出现"百姓布野，勤劝农桑"的局面。

河东太守杜畿对于扶持小农做出了最突出的成绩。他任河东太守期间，推崇宽怀仁惠，鼓励百姓休养生息。他在农业上尽心尽力，让农户畜养牲畜，上到母牛、母马，下到鸡猪，事无巨细，都有管理章程。他的治理有方使得百姓们勤于农业生产，户户丰收。政府的赋税也因此大大地增加了，当年曹操西征汉中的时候，曹军的粮食全靠河东供给。

整饬民俗，发展教育立风尚

建安八年（公元 203 年）秋七月，曹操颁布《修学令》："丧乱以来，十有五年，后生者不见仁义礼让之风，吾甚伤之。其令郡国各修文学，县满五百户置校官，选其乡之俊造而教学之，庶几先王之道不废，而有以益于天下。"

其内容大概意思是："战乱已有十五年之久，青少年已没有了仁义礼让的风尚，这让我非常痛心。现在，命令郡、国都要修文学，满五百户的县要设校官，挑选乡里优秀的青少年，然后施以教育。或许可以使先王之道不致废弃，而有益于天下。"

曹操向来崇尚儒学教育，这里所说的"文学"也就是儒家学说的著作。他认为，只有这样教化国民，最终才能形成真正的仁义礼让的风尚。他的这一思想在当时战火连天、征战沙场的状况下，可以说是非常难能可贵的。可见，他在这一点上，是一位开明之主。

由此可见，曹操从书中所得"法""名""兵"乃至一些纵横诸家的思想只是他治理国家和夺取天下的手段，真正的社会政治思想还是儒家思想。

曹操还特别禁止那些不利于百姓生活、有害人民健康的事情发生。建安十一年（公元 206 年），曹操占据并州后，发布了《明罚令》："闻太原、上党、西河、雁门冬至后百五日皆绝火寒食，云为介子推。且北方沍寒之地，老少羸弱，将有不堪之患。令到，人不得寒食。若犯者，家长半岁刑，主吏百日刑，令长夺一月俸。"

其内容大意为："听说太原、上党、西河、雁门等郡，在冬至后一百零五天的寒食节，都不烧火，吃寒食。据说，这是为了纪念介子推。伍子胥的尸体沉没江中，吴国人没有因此不喝水。纪念介子推，唯独要人们吃寒食，这岂不是一种偏向吗？况且北方特别寒冷，老人、小孩瘦弱，将会有忍受不了的灾难。"

这道命令不许大家再吃寒食，如有违反，家长罚半年刑，主管官吏要判一百天刑，县令要扣发一个月俸禄。

由此可见，曹操从百姓自身的身体考虑，是希望百姓能够健康的，而且是不固守封建思想的一位明智之人。

介子推是春秋时期晋国人，因随晋公子重耳流亡在外，后回国见狐偃向重耳邀功，他不愿与狐偃为伍，便不辞而别。待到重耳即位（晋文公）后，想要封赏他，他却与老母隐居，不肯出山。晋文公只好用放火烧山的办法逼他出来，没想到介子推宁可抱树而死也不肯出山。晋文公为了纪念他，便下令介子推死的这天禁火寒食。后来，民间百姓为了纪念介子推，改成当月禁火。可是，每年冬季吃寒食，会导致很多人肠胃不适又加上医疗技术落后而死亡的情况。所以，曹操此举，是出于对百姓的身体考虑的。

曹操下令禁止寒食，让百姓能够饮食健康，安居乐业，这也是为了方便他的统治。经历过多次社会风尚的调整行动之后，他发现，正面教育对一个国家来说太重要了。若是没有良好的教育，那么百姓文化水平低下，国民思想教育落后，觉悟低下，素质低，那么社会治安就很难达到一种和谐的状态；若是拥有良好的教育，就可以通过教育来传授思想给百姓，便于自己统治，而且还能够帮助国民提高思想素质。

于是，他征求大臣的意见，结合自己的一些想法，下令设置了学官，大力发展教育事业。汉代时朝廷很重视教育，官学（中央的太学，地方的学、校）还有一些私学的规模都比较大。但是，赶上东汉末年的长期战乱，使得教育被迫陷入一种停滞状态。曹操意识到教育的重要性，于是，当他逐渐稳定中原势力以后，便开始着手教育事业。

第九章
铁腕治军，管理强者奇致胜

割发代首，传告三军震慑强

曹操胸怀大志，不仅雄心勃勃，而且极力想要争取天下民心。他明白，只有严于律己，言出必行，以身作则，才能够安抚民心，才能够统率三军。要知道，当时是一个"刑不上大夫"的年代，位高权重的人有很多特权。可是，曹操为了能够真正地站稳脚跟，他严格要求自己，不允许手下的人犯错，也不允许自己犯错。

关于曹操严厉执行军令的故事中，有一则极具代表性：

话说，有一次，曹操带兵讨伐南阳张绣。途中，曹操见田间麦子已熟，而民众因大队兵马赶来而四处逃散，不敢前来收割麦子回家。于是，他便派人四处寻访远近的父老乡亲和守境的官吏，还发布了命令："吾奉天子明诏，出兵讨逆，与民除害。方今麦熟之时，不得已而起兵，大小将校，凡过麦田，但有践踏者，并皆斩首。军法甚严，尔民勿得惊疑。"

这附近的百姓听说曹操颁布了这样一条法令，纷纷欢喜称颂。凡是官军经过麦田，都会下马用手扶着麦子，相互传递，不敢践踏。百姓们一看，曹操果然说到做到，都在路边拜谢。

然而，这天曹操正乘马行军，忽然田中一只麻雀惊飞，吓得曹操的战马一哆嗦，蹿入麦田当中，践踏了一大块麦田。于是，曹操赶紧把行军主簿唤来，要求他拟议自己踏麦之罪。

这让行军主簿着实为难了，他说："丞相，您是军队首领，怎么可以议罪？"

曹操严肃地说："我自己制定的法令，却不遵守，那么何以服众？"随即他便拿起剑就要自刎，被众将慌忙拦下。

郭嘉急中生智说道："《春秋》上说：'法不加于尊。'丞相总领大军，怎能自戕？"

曹操沉吟良久，借坡下驴说道："既然《春秋》有法不加于尊之义，那我暂且免除一死，但也得受到惩罚。"说罢，他用剑割下了自己的头发，扔到地上，说道："割发以代首。"然后又派人将此事传告三军："丞相踏麦，本当斩首号令，现割发以代。"

"割发代首"这个经典的故事，实际上就是"一出好戏"。曹操的战马践踏了麦田之后，为了严肃军纪，树立权威，他只好叫来行军主簿拟议罪行。可是，他还要保全自身。他适时地在郭嘉说出"法不加于尊"这句话时，以割发代首的经典一幕收尾，可见，曹操的脑筋极快，既安抚了军士，又保全了自己，也守住了法纪。

这个经典的"割发代首"，是指一种髡刑。髡刑是古代剃去头发的一种刑罚。在封建社会，传统思想会认为身体发肤是父母给的，毁伤了它就是不孝。因此，割发被列为一种刑罚。曹操没有仗着自己是首领而无视法纪，反而以这样的割发行为受罚，在那个宣扬"刑不上大夫""罚不加于尊"的社会中，曹操能够做到自己不置身于法外，着实难能可贵。

当然，很多后人也认为，这可能是曹操和郭嘉演的一出诈术，用来收买军心民心。但这种说法，究竟正确与否，不得而知。其实，曹操自小出身于官吏家庭，而后经过自己不断地努力，才逐渐走向权力顶峰。因此，可以说，他所经历的事情当中，早已把形形色色的人物都看透了，尤其是最底层的人员。曹操知道，若是想决胜天下，他需要的不仅仅是几员大将，还需要千千万万的官兵。为了收买官兵的心，他始终把自己降低到与士兵在一个档次上，这种做法确实体现了曹操的过人之处。

有功必赏，麾下兵士人心齐

众所周知，想要做好管理，那么首先就要奖罚分明，公平公正。后世军事家也指出，赏罚有效程度在于是否公开、公平且及时，以及赏罚的手段是否高明。《孙子兵法》中也提到：赏罚是军队管理的重要手段。

曹操自小机灵古怪，心中常有不少创新的点子。他在赏罚这件事上，也是创立了新的赏罚形式。他将一个人的赏罚与将领的荣誉结合在一起。他深知，处于乱世之中，大家图的就是一个安稳。于是，他宣布，只要有功者，必须加大封赏力度，让每位军士都明白，只要向前冲，绝对吃不了亏。不得不说，他这样的做法在群雄并起的年代，是一种高明的收买人心手段。

当年，曹操初登铜雀台，挂袍比箭，原本是一件值得欢庆的事情，却因为曹休射中靶心而引发了一场将军之争。坐台观看的曹操非但没有因为众将的失态行为而生气，反而抓住机会，对众将军进行了合理的赏赐。按道理来说，这种比赛只是娱乐，可大家却因此失态，确实不是曹操的本意。但是，众将士争袍之事，从另一个角度可以看出，曹操当时在大家心目中的地位还是非比寻常的，也恰好反映了当时曹军的人才辈出。曹操自然也看到了这一点，所以他非常高兴，不仅没有冷落将军们的心，反而借机笼络了人心，巩固了自己的地位。可以说，这就是曹操的高明之处。可见，曹操的机智聪明和善于把握大局的能力非同一般。

在战争过程中，经常会有人伤亡，自然也就有很多士兵贪生怕死，临阵逃脱，进攻时往后退的情况，这是人趋利避害的本能。可是，征兵打仗，怎么能允许这样的现象发生呢？如果想要赢得战争的胜利，就必须打造一支强硬的队伍。

曹操认为，严厉的惩罚手段就是执行军令的基础，是号令三军的权威所在。不管是执行军纪，或者是治理百姓，都要做到赏罚分明，分清善恶。只有这样令行禁止，指挥有度，才能稳定军心。

建安十二年（公元207年）大封功臣，曹操下了一道《封功臣令》，里面说道："自我起义兵讨伐叛乱之贼董卓至今，已有十九个年头，每战必胜，这是我一个人的功劳吗？这是文武百官共同献策出力的结果啊。天下尚未完全平定，我还要跟文武百官一起平定天下，怎么能独占这份功劳呢？现在，我要赶紧给大家评定功劳，进行封赏。"

实际上，曹操意识到自己要想统一天下必须依靠大家的力量，所以一直想办法让大家共同努力。那么，功劳绝对不能自己独占，而要与大家分享。他这次下令封赏，也是想将功劳分下去，让真正付出的人获得该有的奖赏，以便日后更好地努力奋斗。

曹操对于此次封赏态度非常严肃，也很认真。他认为该获得封赏的，必须要让其获得应得的奖赏，绝对不亏待任何一个人。即使这个人不想接受这样的奖赏，也要想办法使其接受。

曹操远征乌桓时，田畴立了大功。曹操论功行赏时，表封田畴为亭侯，食邑五百户。然而，田畴认为自己曾逃到徐无山中避难，而没有替自己在幽州的旧主刘虞报仇，是不义的行为，所以不该享受荣誉，坚决不接受封爵。

曹操体谅田畴的心情，没有勉强他即刻接受，而是私下记住了这件事。等到曹操南征荆州回来后，他觉得若是不为田畴封官加爵，那是对不起田畴的。于是，又发布了《爵封田畴令》，内容大致是说：历经三年时间，田畴始终言词恳切，辞让封赏，而导致封赏之事搁置。可是，如果不能按照封赏原则执行，虽是成全了一个人的高尚名声，却违背了论功行赏的国家制度，那么以后很容易让这样的事情再次重演。

然而，即便是发布了这样的辞令，田畴还是坚决不接受，曹操又做了不少说服工作，效果却不佳，对方最终也没有接受这样的封赏。虽然未被接受，但这充分说明了曹操对执行论功行赏这一国家制度时，是非常严谨和认真的。

建安八年（公元 203 年），荀彧也曾对曹操的封赏进行了坚决的推辞。当时曹操封荀彧为万岁亭侯，荀彧拒绝。于是，曹操给荀彧去信说："与荀公共事以来，您纠谬辅政，帮着举荐人才，还帮着提出计策，并进行周密谋划，付出实在是太多了。立功不必非得在战场上，希望您不要推辞。"荀彧见曹操如此恳切，只好接受了封爵。

建安十二年（公元 207 年），也就是四年以后，曹操又给荀彧加封，荀彧又反复推辞多次。曹操无奈之下，只好又给荀彧写信说道："您的计策和谋划，不仅仅是我已表奏的《请增封荀彧表》当中的那两件事而已。您前后谦让，是希望学习战国的鲁仲连先生吗？这实在不是节操上通达之圣人所看重的。您的周密谋划、安定众人，帮助我多次获得荣誉，用表奏的这两件事来报答您，您如此推辞不接受，为什么要多次谦恭推让呢？"

从这封信中，我们可以看出，曹操对待国家的封赏制度非常重视。他不仅肯定了荀彧的功劳，也批评了荀彧的过分谦让。最后，荀彧只好又接受了。而曹操也因此极大地笼络了军心，让将士们行军打仗有了盼头，从而稳固了自己的权威地位。

有言必行，树立威严明军纪

前面说到，曹操从起义兵讨伐董卓开始，历经无数场生死之战，最终登上了魏王的宝座，可以说，曹操在乱世中的所作所为，是值得后人敬佩的。他在许多战役当中，经常是身先士卒，勇于杀敌，最终赢得了将士们的肯定。然而，即便是这样，仍有一些将士的内心浮躁，不易琢磨。这就需要懂得如何在兵荒马乱的时代统领一帮人心不齐的人马，如果不能从自身的角度出发，严于律己，以身作则，有错必纠，那么很难服众。

因此，曹操深知威信的重要性。这是一个领导者必须具备的素质——信誉和威严。有威信的领导者，下达命令和计划、任务往往容易被下属接受。这样的领导者所带领的团队就像是一台机器一样，能够高速有效地运转起来，并减少内耗。但是，人非圣贤，孰能无过？树立威信要建立在自己严于律己上。而曹操最难能可贵的一点就是有自知之明、自我发落的勇气。

对于胸怀天下的曹操来说，有了威信就有了感召力，不怒自威的力量。"身不正则令不从，令不从则生变。"是他的至理名言。

他明白，腐败之所以会蔓延开来，就是从统治者内部开始的，风气的败坏也是自上而下的。所以榜样的作用是十分重要的。在曹操一生的戎马生涯中，威信与人情是一对矛盾体，既然要树立威信就要铁面无私，而铁面无私的人难免会不近人情，做官需要把这两面性拿捏得很到位。曹操始终谨记这一点，从来都是以让大家心服口服为解决问题的首要准则。

当年曹操西征关中，与马超对峙渭水。渭水之战中，为了对敌人形成犄角之势，稳定渡河的军队。他不顾危险，亲自督军断后，结果引来了马超的全力攻打，差点因此送了命。幸亏许褚奋力杀敌，丁斐施计才救了他。将士们是亲眼看到曹操以身犯险，不顾生命危险也要击退敌人的精神的，纷纷感动不已，以一当十拼杀敌军。这充分说明了，若是想要让对方为自己卖命，上下一心，只有一个办法，那就是与将士同在。

其实，曹操作为军队的最高统帅，完全可以选择先退后，让将士们断后。可是，他经过双方实力对比，再加上当时严峻的形势，认为如此下去只会溃不成军。所以，他明白，只有自己率先出战，将士们才会跟着拼杀。

这样一来，他不仅稳定了军心，而且让自己在军队中的威信又提高了一个档次，将士们也顺利地完成了渡河的目标，一鼓作气又完成了对敌人的战略部署安排，大大地推进了战争的优势。

虽然渭水一战使得曹操差点丧命，但是不得不说，他敢于冒这样的风险颇有一代豪杰的风范，而事实也印证了他的做法是正确的，也取得了良好的战绩。

曹操的军营当中，人人都知道曹操是一个严明军纪的人，若是谁知法犯法，那么将会受到严厉的处罚，就连他自己不小心触犯了军规，也要"割发代首"来旗帜鲜明地表明自己的态度。全体将士都被其折服，无人敢轻忽军令。

有法必执，赏罚分明成纪律

尽管曹操本人被冠以"奸雄"之名，颇有奸诈多疑的讽刺意味，但却赢得了崇高的威信和权威，使他部下的将领深信不疑。而这也是他在军中推行严肃风纪、严令治军的结果。

曹操作为一名政治家和军事家，深知法纪的重要性，在他刚刚上任洛阳北部尉时，就严明法纪，执法如山，哪怕是皇帝身边的宦官也毫不畏惧，最终肃清了洛阳城的治安问题。他担任济南相时，又因民生问题与济南王刘康斗智斗勇，与胡作非为的地方官和豪强顽强斗争，直到吏治清明，百姓称颂。

曹操起兵之后，把法治同军纪紧密地结合在一起，形成了严格的执法、赏罚系统。自陈留起兵至建安二十五年（公元220年），这三十多年间，曹操制定并颁布了一系列军规法令。他还给曹魏留下了一套严明的管理制度，如此一来，魏国的治理方式就清楚多了，不需要靠人来治理，而是通过制度。从这一点来看，曹操是一位了不起的政治家。

曹操还制定了很多行军作战的具体条例，比如《战船令》《军令》《步战令》等。他亲自制定了各种军令、法令，而且严格带头执行，就是这样执行有力，奖罚分明，连他的敌人都自叹不如。

曹操在《战船令》中规定："登上战船前擂第一通鼓开始做准备；擂第二通鼓，什长、伍长先登上船，整理好橹桨，战士再持兵器上船，各就各位；擂第三通鼓，大小战船依次出发，前后左右不得随意交叉，违令者要斩首。"

在《军令》中规定："将士在行军中可以把弓拉开调试，但不准搭箭，而在军营中，不准拉开弓；行军开始时，要举直矛戟，展开旗帜。擂鼓后走出三里，才可以斜扛矛戟，卷起旗帜，停止擂鼓；军吏不得在军营中杀牲口出卖；行军时不得随意砍伐百姓的树木等。违令者量刑予以处罚。"

在《步战令》中规定："临阵时不准喧哗，静听鼓音，指挥旗指向哪里，就要冲向哪里；有部队受到敌军攻击时，其他部队要前去救援；没有将军的命令，不得在军阵中随意走动；战士在将要作战时，不准抢夺牛马衣物，违令者要斩首。"

可见，曹操对行军作战是非常善于经验总结的，是具体且明确的，而不是笼统的。他颁布的那些法令，仔细思考就会发现，里面的内容不是上层领导拍拍脑袋就制定的无意义的制度，而是每一项都需要严格执行的军事命令。

而在具体的执行过程中，他的态度也十分明确，奖罚符实。他曾这样说："我从没听说过，一个国家可以让无能的人和不作为的士兵领取俸禄和奖赏，即使有，这样的国家也不可能建功立业，国泰民安。我相信，圣贤的明君是不可能这样做的。战争时期给有战功的人奖赏，和平年代给推崇德行的能人奖赏，这才是应该的。"而他自己也是说到做到，之前也提到了他封赏田畴和荀彧的事例，正体现了他的这种态度。

他还明确表示："只奖不罚不是一个国家的正法。将领带兵出征，打了败仗的要按律治罪，造成损失的要罢官和削去封爵。"这一观点彻底约束了滥竽充数、有功就傲的将领。

曹操曾在读《孙子兵法》时注解："对待士卒不能一味地施予恩惠，也不能一味地进行惩罚，是奖是惩要按纪律严格执行。如果不能这样，他们就像被娇惯的孩子，不服管教，这样反而会害了他们，不能很好地调用他们。"

当年曹操率兵攻打张绣，在宛城被打败。夏侯惇属下的青州兵，乘势下乡，劫掠民宅。平虏校尉于禁下令，再有青州兵胡作非为就立刻杀掉，毫不留情，以此安抚乡民。

此命令一下，可是触碰了青州兵的利益。他们仗着夏侯将军在曹军中的地位，不知悔改，竟然可怜巴巴地向曹操诉苦，诬陷于禁要造反，还要把青州军马赶尽杀绝。曹操听后，非常震惊。曹操与大家商议，如果于禁真的造反，那就刀兵相见，绝不留情。

不一会儿，夏侯惇、许褚、李典、乐进都到齐了。于禁见到曹操等人都到了，不慌不忙地下令射住阵脚，安营扎寨。有人很奇怪，就问于禁说："青州军在丞相面前哭诉你要造反，而现在丞相来了，你怎么不去分辩，反而在这里安营扎寨呢？"

于禁不以为意地说："如今，张绣的追兵在后面，追得我们很紧，如果不赶紧准备，怎么御敌呢？分辩是小事，退敌才是大事啊。做事情要分得清轻重缓急吧？"没想到，于禁将军刚扎好营盘，张绣的军队就从两路杀到了。于禁起身率先出寨迎战，张绣急忙退兵。大家看到于禁率兵追击，急忙也出兵援助。结果，张绣的大军惨败，被一路追杀百余里。张绣实在无法抵抗，只好投奔了刘表。

曹操收兵点将，于禁才入帐叩见曹操。于禁将青州兵肆意掠夺的行为告诉了曹操，也说明了自己下诛杀令的原因。曹操这才明白是怎么一回事，他接着又问："那你为什么不先跟我说明情况，而是先安营扎寨，这又如何解释？"于禁又把轻重缓急的道理说了一遍。

曹操听后，对于禁大为赞赏，说道："将军在匆忙之中，不忘整兵坚垒，任谤任劳，使我军反败为胜，古代的名将也不过如此啊！"

于是，立刻赐予于禁一副金器，又封了益寿亭侯。然后又发布命令责备夏侯惇治军不严之过。论功行赏，大功大奖，小功小奖，他心里自有定数。只有这样，才能激励将士尽可能更多地作出贡献。

其实，赏与罚都是治理团队的手段，相辅相成，但都必须及时兑现才有效。因为赏与罚都是为了警示他人和激励对方，只有趁着事件的热度兑现，才能更好地体现这件事带来的结果本身。

而曹操作为能够掌握全局的人，他的驾驭能力自然是非常高超。他深知，只有熟练运用赏与罚的君主才算是高明的，群臣才是服气的。作为大臣，都害怕受到处罚而喜欢得到奖赏，而君主或者统帅有了奖惩大权，这些下属必定会敬畏他的权力而倾向于服从他。

当曹操施行奖赏时，他丝毫不吝啬，反而在对方应得价值上附加赠送对方；但是当他处罚他人的时候也是丝毫不留情，铁面无私，公平公正。

曹操的儿子曹植自小天赋异禀，非常有才华，著名的《七步诗》正是曹植被兄弟曹丕所迫害时所做。

黄初元年（公元 220 年）正月，曹操因病去世，享年六十六岁。曹丕荣升为魏王。十个月后，汉献帝被迫禅让帝位给曹丕，史称魏文帝。在他称帝后，想到自己有一个聪慧机智且有政治志向的弟弟存在，始终是自己的威胁。他又想起自己与曹植争夺世子之位时，曹植对自己的威胁，心中始终耿耿于怀。

于是，曹丕想尽办法要除掉曹植。某天大殿上，曹丕让曹植七步作诗，若是做不出来，便取了他性命。曹植何等聪明，知道这是哥哥想要除掉自己，而自己又无法开脱，只好在极度悲愤中做了这首《七步诗》。这首诗用同根而生的萁和豆来比喻同父同母的亲兄弟，用萁煎其豆来比喻哥哥想要残害弟弟，表达了对曹丕的强烈不满，生动形象地反映了当朝统治阶级的残酷斗争，以及自身处境的艰难，心情愤懑之极。

曹植算得上是曹操几个儿子中才华超群的一位，在曹操未去世之前，深受曹操的宠爱，称得上是曹操诸子之英。然而，就是这样的一位优秀人才，曹操也丝毫不留情面。由于曹植在战前醉酒不能受命，而被曹操罢免了所有的官职。可见，曹操确实是一位有法必依，赏罚分明的领导。曹操训练的军队无往不胜，保证了他在军事上的节节胜利，又促进了他的政治地位能够逐步提升。

唯才是举，重才能而轻出身

曹操严明军纪，奖罚分明，与对手亦敌亦友，这些都是成就他的重要原因。除此之外，他还有一个明君该具备的优点，那就是唯才是举。曹操善于广结人才，招贤纳士，无论在何处打仗，他都不忘挖掘人才。

东汉时期，朝廷选拔人才任用人才，首先要注重名节德行、家世族亲，而不是用对国家是否有利的标准来选拔的。这就造成了很多入朝为官的人员并不具备相应的才华，导致虽然这些人名气很大，却毫无政绩。

曹操看到了这种现象背后的本质，为了能真正让能人志士发挥自己的才干，发布了"求贤令"，重新定义了用人标准，这在当时是极其出格的事情。

《三国志·武帝纪》中记载："若必廉士而后可用，则齐桓其何以霸世……唯才是举，吾得而用之"；"夫有行之士，未必能进取，进取之士，未必能有行也"；"不仁不孝而有治国用兵之术，其名举所知，勿有所遗"。

从以上文献中，我们可以看出，曹操的用人核心就是唯才是举。只要你有才华，在他这里就有发挥的平台。不管这个人是什么身份，在社会上品德是否存在争议，只要有才华，一律任用。这在当时，可谓是一种超前的用人思想。而正是《求贤令》的出现，让很多真正有思想和能力的人涌出水面，为曹操所用。可以说，这是曹操在人才任用方面的又一次创新，说明他确实是一位善识时务、懂得变通的英雄。

这一"唯才是举"的核心理念，确实为曹操集聚了不少人才。他的很多大将，有的提拔于行伍之中（如于禁、乐进）；有的曾经效力于敌方（如荀彧、郭嘉）；有的发现于降军之中（如张辽、徐晃）。可见，他不拘小节的用人风格使他获益不少。

前面经常提到的他的谋士郭嘉，字奉孝，颍川阳翟人，最开始时在袁绍帐下效力，奈何袁绍鼠目寸光，没有及时发现郭嘉这样的人才，而且他生性优柔寡断，善于谋事却又难以做出决断，所以最终难成大事。郭嘉也看到了这一点，跟着袁绍就等于葬送了这一生的抱负。于是，郭嘉毅然决然地离开袁绍，在荀彧的推荐下，投靠曹操。曹操从未因郭嘉曾是袁绍的谋士而嫌弃他，反而加以重用。事实证明，他确实是一代豪杰谋士。他多次向曹操献计，扭转局面，使战争的局势对曹军有利。然而，郭嘉不幸染病早死，使得曹操极其痛心。赤壁之战后，曹操曾满怀痛惜之情哭诉："如果奉孝在，不至于如此大败！"可见，曹操对难得一见的人才十分重视。

曹操的"求贤令"多次发布，希望能广纳人才。建安十一年（公元206年），曹操下令要求各地地方长官推荐人才，只要是能够辅佐治理国家，那么不管这人是像姜太公这样的奇人还是像陈平这样的落魄能人，都统统任用。

这样的法令自然是有很多能人响应。孔融、祢衡等有才华的人闻讯纷纷赶来，为曹操献计献策，使曹操的治理水平提高了一大截。他还下令分发"意见表"，鼓励大家多提意见，广纳良言。

建安十四年（公元209年）十二月，曹操又发布了第二道"唯才是举"的法令——《敕有司取士毋废偏短令》。其中，专门针对"有才而无德"的功利主义用人方针作了进一步详解，他认为，每个人都有自己的缺点，即使是真正的能人志士也会有各种缺点，所以，绝不能因为"德行一般"而荒废了才能。负责人才选拔的官员在推荐人才时，应该深深地体会他的心意，使有才之士不被遗漏，这样国家的大政方针才能够顺利推行下去。

除此之外，他还特意举例说：苏秦在历史上一直被传统的儒学之士所不齿，主要原因还是因为他的家世不好，品德有些问题。但是，这种人正是当下急需的人才。

建安二十二年（公元 217 年）八月，曹操发布了第三道"举贤勿拘品行"的法令，继续奉行"重才能而轻出身"的用人方针。

其中，他表示，才德兼备自然是最理想的人才之选，但是战乱时期，人才可遇不可求，不能等同于和平时期的人才选拔情况，因而可以退而求其次。即便是品德稍差的人，也可以利用自身的才能为国家效力，为什么不能任用呢？这些人在特殊时期被委以重任，更会鞠躬尽瘁，感激知遇之恩。曹操对"不仁不孝而有治国用兵之术"的人委以大任，的确体现了他"为达目的，不择手段"的一贯风格。

从这三道求贤令中，我们可以看出，曹操对人才的需求也是越发迫切。一方面，曹操年龄越来越大，他需要更快地、更顺利地完成统一大业。这种心情在求贤令上体现得淋漓尽致；另一方面，战乱时期，各方势力对人才都非常重视，甚至不断地争夺人才，再加上战乱造成的摧残和转移，人才越来越少。这就迫使曹操下令让所有的部属都能够睁大眼睛寻找身边的人才，推荐人才。而且，他还特别叮嘱大家去发现那些被举荐过，但因各种原因没被任用的奇才和高人。其目的就是最大限度地开辟人才资源，用以满足人才需求的不断增长。

当然，曹操看似毫无底线的"求贤"并非真的没有底线。他不是真的不看重个人素质和传统道德观念。

初平三年（公元 192 年），曹操驻守兖州，任州牧，曾任命东平人毕谌为别驾。后来，张邈叛变，扣押了毕谌的母亲、弟弟、妻子儿女等亲属。一时之间毕谌难以抉择。但是曹操好像是看透了他的心，对毕谌说："你的老母家人被张邈扣押，你可以到张邈那边去。"

毕谌赶紧叩谢，表示自己也是迫不得已，但绝无二心。曹操听后非常感动，放他去了张邈的营地。后来，曹操战胜了张邈，活捉了毕谌，本以为毕谌必死无疑。但曹操却说："一个孝敬父母的人，肯定会忠于他的主公的，这样的人才正是我所需要的！"

曹操不仅没有怪罪毕谌，反而让他做了鲁国国相，足以见得曹操用人还是基于人品好坏的。我们其实不难发现，曹操的"唯才是举"用人核心在现实中得到了认真地贯彻落实。一大批出身低微，甚至是一些曾经反对过曹操的人都纷纷向曹操身边聚集，成为了曹操重要的智囊团和将领。这不仅巩固了曹操的势力，而且对阻止大族地主垄断政治起到很好的效果，推动了政治发展，加快了统一北方的进程。

群策群力，靠智囊团打天下

前面提到曹操"唯才是举"的用人核心，使得曹操身边聚集了一大批能人志士，这其中不乏一些智慧睿敏的谋士。可以说，曹操身边围着一个智囊团，毫不夸张。

曹操的智囊团为其统一大业打下了坚实的基础，帮助他谋求了政治优势。当年，董卓之乱导致洛阳皇宫被烧，整个洛阳城残破不堪，汉献帝还都的时候，朝廷百官都在野草丛中朝拜，无粮可吃。各州郡的州牧们也都拥兵自重，不过问皇帝的处境。

曹操的智囊团在此时就发挥了作用。荀彧为曹操出了一个好主意："昔晋文公纳周襄王，而诸侯服从；汉高祖为义帝发丧，而天下归心；今天子蒙尘，将军诚因此时首倡义兵，幸天子以从众望，不世之略也。若不早图，人将先我而为之矣。"曹操闻之大喜。

荀彧的话翻译过来就是："皇帝如今遭受这样的困境，江山蒙尘，正好借此机会首倡义兵，推戴天子，以从众望，借以成就宏图伟业，这可是天赐良机！"曹操听后，自然高兴，立刻采纳了荀彧的建议，做出调整，派大将曹洪领兵西迎汉献帝。这才有了"挟天子以令诸侯"。而后，他又与董昭交好，董昭又为曹操献出一计："明告大臣，以京师无粮，欲移驾幸许都，近鲁阳，转运粮食，庶无欠缺悬隔之忧。"于是，曹操采纳了他的建议，对皇帝请奏："唯移驾幸许都为上策。"这才有了曹操带着皇帝迁都许县的结果。再到后来，曹操又以近粮无忧为借口，把百官调离洛阳，使杨奉等心中不服的大臣虎落平阳。

曹操把汉献帝接到许都后，挟天子以令诸侯，占有了得天独厚的优势。他借机分封了自己的谋臣武将，增强了自己的军事实力，而后又打着皇帝的旗号采取军事行动，自然，百姓也是一呼百应，这为他后来统一北方奠定了坚实的基础。

作为阴阳谋略宗师的曹操来说，身后必然会追随着一大批军事和政治人才。而这些人才和谋士看问题的角度各不相同，自然也从不同的侧面为曹操提供了发人深省的策略，使曹操常常能够跳出自己的圈子思考问题，逐渐成为了一个目光长远的谋略大师。

有时候，当局者迷，旁观者清。聆听旁观者的建议往往是比较睿智的选择。而曹操采纳荀彧的计谋、董昭的建议，实则让他少走了很多弯路。由此可见，群体智慧确实比个人智慧更加全面周密。而能够容纳这么多不同声音的存在，恰是曹操不同于其他将领的独到之处。采取智囊团群体作战的方法，比一个人死撑强多了，甚至能够获得以逸待劳的效果。自古以来，成大事者，身边都围绕着不同的智囊团。借用别人的智慧来达到自己眼光开阔和拥有灵活思路的方法，值得我们思考。

自古以来，就有所谓食客、谋士、军师、谏臣，这些人为统治者出谋划策，安天下、镇国家、御外侵。历朝历代的统治者自然也懂得，要想巩固自己的基业或扩大自己的势力，广纳贤士必不可少。再比如，刘备在请诸葛亮"出山"之前，也连连败北，与曹操相比更是相差很多，但自从请出了诸葛亮这位奇才，局面才翻转过来，这就说明了能人志士的重要性。

但是，对于强者来说，人才固然重要，为了达到自己的目的，不惜重用品德恶劣的人才，不惜接纳敌军的人才。但这些也不过是为了达到目的而实施的手段而已。古代，剽悍的骑手会为自己的千里马选择精良的饲料，哪怕遇到再多的困难也在所不惜。可是，赢得胜利之后，骑手没有一个人能够与千里马善始善终。曹操也是如此，他用人从来都带有目的性，也只是为其服务而已。正如他所标榜的那样："天下智囊尽为我所用。但如果智囊不能为我所用者，则不如无情地毁灭。"

驾驭群士，众将士齐心协力

众所周知，曹操和袁绍是从小一起长大的发小，又在一起讨伐董卓，可以说，二人是相当要好的朋友。有一次，袁绍闲聊时问起曹操："如果这次讨伐董贼不成功，你以后有什么打算？"

曹操反问袁绍："你有什么打算呢？"

袁绍思考了一下，回道："我所管辖的区域南据黄河，北守燕、代，加上拥有的河北腹地，再向南争夺天下。"

曹操听后，沉默了一会儿说道："我要让天下有能力有智慧的人都为我所用，如此一来，还有办不成的事吗？"

可见，二人的大政方针迥然不同。袁绍以占据扩张为主，而曹操则以广纳贤才为主。虽然都为了统一天下，可是，袁绍的气魄相比较曹操而言，显得小了很多。原本，袁绍的兵力比曹操要强很多，两人力量相差悬殊。可最终的结局却是曹操赢得了胜利。

这是因为，曹操经营天下的大政方针不是一城一池的得失，而是获得每一名将士。依靠这些将士，加上自己整编的青州军，硬是在这么多豪杰中脱颖而出，打下了半壁江山。

论人才储备，谁也没有曹操手下的谋士多。不过，稍有些能耐的人往往都有一点小脾气或者怪异的性格，但曹操却能凭借自己的人格魅力完美地驾驭他。这么大群有才能的人聚集到一起，竟然安然无恙，毫无怨言，反而心悦诚服地为自己服务，这不得不令人佩服。

再看袁绍，他的起点可比曹操高多了，从最开始就拥有幅员辽阔的地盘和实力雄厚的军队，拥有众多能人谋士。他的所有资源都是现成匹配好的。可他最终却一事无成，这其中最主要的原因就是他对身边的人无法量才任用，不能驾驭人才。

在驾驭人才这件事上，曹操常常能选用比自己能力还要强的人来分担重任，因为他清楚地明白，自己再优秀，也不可能在任何一方面都超越每一个人。所以，他尽可能地让下属发挥其擅长的技能，为自己所用，正好弥补了自己的缺陷。

赤壁之战前，刘琮率部众投降了曹操，然而，原本是刘琮部下的文聘坚决不肯投降，一直坚守在自己的辖地上，直到曹操南下过了汉水，文聘这才投降。

曹操收编了刘琮的部众，却一直发愁如何稳定这些人的心。要知道，虽然这些投降军名义上投降了，但大都是被形势所迫，真心归降的人很少。曹操见文聘前来投降，就想借着这个机会稳定一下荆州军民。

于是，曹操笑着对文聘说道："你怎么来得这么晚呀？"

文聘恭敬地说："原本，我是想跟随刘表一起报效国家的，但是我没有做到。心中实在惭愧，我只想守着自己的领地，能做到无愧于九泉之下的兄弟，无愧于他托付给我的孤儿（刘琮），我也是万般无奈才走到了这个地步。哪有心思再有脸面早早见你呢？"说罢，他失声痛哭。

曹操听罢，心中立刻肃然起敬，对文聘这种有情有义的行为赞赏有加，随即派他做了江夏太守。他的这一举动对收服荆州投降军起到了正向的效果。而文聘一任江夏太守就是十几年的光景。尽管他从关内侯、亭侯、乡侯一直做到了县侯。可是，他的爵位上去了，却一直没有更换过地方，始终守着咽喉要地，最终击败了关羽和孙权，为曹魏的统一大业立下了汗马功劳。

从这件事上，我们可以看出，曹操驾驭人才的观点很是正确。他虽为一代枭雄，却有勇气承认自己的不足，善于运用将士的优点来弥补自己的短板，不会夜郎自大，也不会不考虑事实而胡乱指挥。而且，他有很高的学识和宽广的胸襟，通过不断地学习和思考，努力让自己更加完善。另外，他还有超强的影响力，能够吸引更多的能人志士聚集在他的身边。

曹操有着宽广的胸襟和广纳贤才的作风，又将手下人才的能力都发挥到了极致。正因如此，每当曹操遭遇失败时，总有众将士齐心协力、共渡难关。

用谋治人，不被规矩所束缚

东汉时期，曹操与袁绍争霸，袁绍的势力大大强于曹操。但是曹操从不吝啬对官兵的赏赐，尤其是对立大功的官兵，不惜重金赏赐。所以，每次出征，将士们都是士气高昂。不仅如此，曹操对有异能却不被别人重视的人才，也能因势而用，反而取得了很好的效果。后来，曹操的队伍不断壮大，他一直遵循依法治军，善用奇人的原则。

整个三国时期，他的治军之道始终是这样。相反，袁绍虽善谋，却任人唯亲，听信谗言，不但赏罚不明，而且不懂审时度势。这就导致，即便是有才华的能人心中也满怀积怨，军队上下士气低落，最终被曹操打败。

有一年，曹操将吕布围困于下邳城，吕布派张辽、郝萌趁夜里悄悄从刘备营寨打开一个突破口，杀出重围，向袁术求救，并答应送女儿当人质。可是，郝萌回来时被张飞捉住，押着他见了曹操。在曹操的逼问下，郝萌只好说出了吕布的详细计划，曹操大惊，要是袁术真来救援吕布，搞一个里应外合，那曹军必定腹背受敌，节节败退。

曹操大怒，把郝萌给杀了，又三令五申，要是哪个营寨敢再把吕布或其部下放跑了，一律按照军法处置。

刘备知道后，很是重视，赶紧回来对关羽、张飞说："咱们这里是要冲，一定要严加防守，千万不要违反了军令。"张飞却不以为意，不满地说道："我们抓到了一个敌将，也没有得到任何奖赏，反而对我们又严格要求上了。真是不懂！"

刘备解释道："曹操率领这么多军兵，如果军令不严明，不能依法办事，那还怎么服众呢？"

其实，曹操当时也想封赏张飞等人，可是形势不允许。当时除了刘备，还有其他军队。这次是被张飞侥幸抓了郝萌，如果不严肃军纪，放跑了敌军的人，那么一定会造成不利的后果。

曹操站高望远，只能先以抓住敌将为主要任务，而不是奖赏对方。刘备与曹操都是心怀天下之人，又怎么不知这样的道理呢？所以，刘备很理解曹操的做法，并且安慰了张飞。这种果断的治军方式，对他最终擒拿吕布起到了很关键的作用。这是曹操应赏没赏的情况，还有该罚不罚的情况。

有一次，大将曹仁违犯了曹操的军令。曹操大怒，按照军法，本该是要将他斩首示众的。可处决令还没下，敌军就攻打了过来。结果，曹仁将功补过，舍命保护着曹操杀出重围。后来，曹操庆幸地说："当时幸好没把你杀掉，否则如今我的性命也不保了。"而后，在曹操的支持下，曹仁更是多次立功。

当年诸侯讨伐董卓的时候，眼看几名大将都被华雄斩杀了，大家都畏惧而不敢应战，只有器宇轩昂的关羽敢于站出来应战。袁绍对关羽的胆识丝毫不看在眼里，反而问其之前官职为何。当他听到关羽曾经只是个县令手下的马弓手时，勃然大怒，认为关羽这样的小人物不配出战，免得让对手笑话。

可是，曹操却不这么认为，他劝袁绍道："本初息怒，这人敢于站出来，敢于说出这样的话，肯定是有勇有谋。其他人连站出来的勇气都没有。不如就让他出战，如果不能取胜再责罚他吧。而且，此人看起来仪表堂堂，威严有加。对手怎知他身份低微？"他让人为关羽温了一杯酒。果不其然，关羽出战，来一出"温酒斩华雄"，一战成名。可见，曹操的气魄超于凡人，这也是他胜于袁绍的主要特质。

知人善任，各尽其用显大智

都说曹操雄霸天下，靠的是他众多的人才和智囊团，而这其中最重要的原因不在于"多"，而在于曹操对这些人能够知人善任，使人才各自发挥其所擅长的能力并相互配合。

衡量一个人是否具备高明的领导才能，就要看他是否有聚揽人才并且善于使用的能力。人才再多，不懂得善用，只会造成怨声载道的结果，反而内耗丛生。这样一来，人才越多，反作用就越大，非但不能帮到自己，而且失去了重要的机会。

曹操擅长运用的策略就是"仁者用其仁，智者采其智，武将任其勇，文职尽其能，择人任事，最大限度地用人之长"。他对人才的使用可以说是各种灵活的手段，有的适当控制，有的大胆任用，有的让其抱团，有的让其独当一面。他对人才的搭配使用，证明他确实是一位知人善任的领导。

建安二十年（公元 215 年），曹操准备西征张鲁，但临行前，他料想孙权有可能趁他西征攻打合肥。于是，写了一封密信给合肥护军薛悌，还特意在信封上注明："等吴兵来攻时再拆开看。"

果然，趁曹操西征张鲁之际，孙权率兵攻打合肥。情况紧急，大家拆开密信，信上写道："若孙权至者，张、李将军出战；乐将军守护城池，勿得与战。"诸将不解。

在这次战役中，曹操安排了三名主将张辽、李典、乐进共同担负这次退敌的重任。但是这三位大将无论是资历还是能力，都相差无几，若是直接让三个人出兵打仗，肯定相互谁也不服谁，到时候关系闹得很僵，安排这样的三名大将守城确实很有难度。

所以才有了曹操的密信。信中所写，众将不解，张辽是第一个反应过来的人，他恍然大悟地说："曹公的意思是，他现在远征在外，如果等他回来救援，我们肯定就被打败了。现在，趁敌人没有站稳脚跟，我们攻防结合，打他个措手不及，才有胜算。是胜是败，在此一战！"

众将听了张辽的话，也跟着恍然大悟。于是，张辽率先出兵，李典紧随其后，杀得江南兵人人惊恐，以致小儿听闻张辽的大名，都吓得不敢哭泣。而乐进防守，自然也是重中之重，分权分责，恰到好处。

其实，曹操写这样一封密信，是经过了充分的考虑之后精心安排的。而事实也正是如此，张辽见信率先表态，慷慨激昂如此这般要决一死战，而紧跟着附和的就是李典。《三国志·李典传》有这样的记载："辽恐其不从，典慨然曰：'此国家大事，顾君计何如耳，吾何以私憾而忘公义乎！'乃率众与辽破走权。"

仔细思考，这正是曹军屡屡胜利的原因，曹操的知人善任，让三名大将各自有了自己的方向，精准地定好位，才有了这样的结果。如果，不把这三位拧在一起，肯定有两个人携手，内讧第三个人。

曹营内将士众多，有的性子烈，视死如归，比如典韦和庞德，那么每次遇到恶战，曹操就派他们披坚执锐，冲锋陷阵。也有的智勇双全，文武兼备，比如，曹仁和张郃，这样的人才，曹操往往会把他们放在重要的位置上，放手让他们统率诸军，独当一面。但众将士中，也不乏有一些胆识不足，优柔寡断，但谋略尚好的人才，曹操就安排他们在适合的主帅营中，当好谋士或者配角。这样一来，搭配得正好。

世界上，没有完全相同的人。性格不同，心智不同，导致大家擅长的方向不同，那么自己不足的部分，就可以让其他人弥补，合作双赢。

当然，对于一些有特殊才能的人，就要给他们最好的条件和待遇，特殊的人才，要有特殊的待遇。而对于能力很强的人，要多方面任用，让他们多方面发挥作用，也可以调动其积极性。

曹操能够如此灵活地掌握并运用众将的性格和能力，才使他连连胜利，取得了出人意料的效果。

第十章
亦正亦邪，双重性格成就霸业

奸雄本色，疑心萌生错杀伯奢

曹操有一句流传至今的名言："宁教我负天下人，不教天下人负我。"从这句话里，我们大概能了解曹操是一个什么样的人——以自我为中心，为了达到自己的目的，不择手段。不过这也从另一个角度说明，曹操是一个很坦率的人。

在那个推崇儒家忠孝仁悌的年代，大家习惯了隐晦，习惯了虚伪，习惯了人心隔肚皮。只有他，敢把观点赤裸裸地提出来，而且是这么不符合当时文化风俗的观点，即便是放到今天，这个观点仍然是让人难以理解。也正是这样的性格，才成就了他"奸雄"的角色。

奸雄曹操一生戎马生涯，善于用人，善于带兵，本是一代豪杰，却因生性多疑的性格，落得个奸诈小人之名。

当年，董卓把持朝政，夺权篡位之心人人皆知，曹操心中愤恨，刺杀董卓的计划落空了。他只好逃出洛阳，准备逃回家中。途中，偶遇中牟县令陈宫，陈宫被他的大义精神所感动，遂决定抛弃官职随他一起共谋大事。

当他们走到成皋时，天色已晚。曹操对陈宫说："此处有一户人家，是我父亲的结义兄弟，姓吕名伯奢，我看天色已晚，就去往他们家休息怎么样？"陈宫答应了。

于是，二人赶到伯奢家，伯奢关心地问："我听说朝廷上下令到处抓你，你怎么到了这里？"曹操答："若不是陈县令，恐怕我早就死无葬身之地了。"

伯奢急忙感谢陈宫说："要不是您，曹家可有灭门之灾啊。请您安心在这里坐着，今晚就在我这里休息吧。"说完，他便起身去了内堂。过了好一会儿，又出来对陈宫说："老夫家里无好酒，待我前去西村沽一樽来相待。"

伯奢急忙出门后，曹操与陈宫对坐。不一会儿，听到屋后有磨刀的声音。曹操便小声地对陈宫说："吕伯奢和我不是至亲，这一去实在可疑，我们前去窃听一下便知。"于是，悄悄潜入草堂后面，只听磨刀之人说道："绑住它，然后把它杀了，怎么样？"曹操以为对方说的是自己，便对陈宫说："若是我们不先下手，必遭擒获。"于是，曹操与陈宫不分青红皂白地把他一家人都杀了。可是，到了厨房一看，正绑着一头猪要杀。陈宫懊悔地说："孟德，我们误杀好人了！"二人急忙连夜逃出山庄。

结果，在路上，恰好碰上伯奢骑驴买酒回来，见他们行色匆匆，说道："你们这是为何要走？"曹操淡定地说："身负重罪之人，不敢长待。"伯奢说："我已吩咐家人宰一头猪款待二位，你们还是跟我回去吧。"曹操没有理会，继续前行。可是，刚走两步，又回头假装对伯奢说："后面来的人是谁？"伯奢毫无防备地向后看，曹操挥剑一下砍死了吕伯奢。

陈宫大惊说："你……你……刚才是误杀，现在为什么连他也杀了啊？"曹操说："伯奢回到家中，看见我杀了他全家人，岂肯罢休？要是率人追杀我们，岂不是要遭遇灾祸了。"陈宫道："你知道是误杀，却还是杀了他！"曹操却不以为然地说出了那句流传千古、体现自己本色的名言："宁教我负天下人，不教天下人负我。"

从这件事的整体上来看，曹操刚开始仅仅是想讨一份食宿，却不料发生了这样的误会，果断地把这家人都杀死了。而后又在明知道是一场误会的情况下，把对友人赤胆忠心的伯奢也给杀了，陈宫看了实在费解。可以说，从这件事上，充分地反映了他"奸雄"的性格。

对于曹操来说，只要目的是明确的，那么手段不管是高尚的或者是卑鄙的，都可以实施。哪怕这件事对别人造成了很大的危害，也在所不惜。正应了"无毒不丈夫"这句古话。

曹操一生应了"奸雄"这样的评价，善与恶在他身上都体现得淋漓尽致，奸臣是他，仁政也是他。可是，尽管如此，他一生没有被虚荣羁绊，而是抛开了世俗的虚名，背负着汉贼和英雄两种身份，为自己的野心努力着。

急流勇退，参透玄机明哲保身

曹操在担任济南国相的时候，济南王刘康曾在郊外南山中秘密养兵，准备背叛朝廷谋反。但这一举动，引起了曹操的注意。他用计将南山的藏兵骗下山，一举歼灭了。而刘康也被曹操困在街巷之中脱不开身。刘康手下的亲兵全部战死，只剩他一个人还在城中苦苦支撑。

这时，他忽然听到了城外喊杀的声音，以为是藏在南山的兵马将官兵杀退，前来援救，于是，心中大喜，认为自己马上就可以得救了。他一心想着赵虎、张豹两位将军前来解救。结果，不一会儿，从西城方向赶来一队兵马，疾驰而来，仔细一看，原来是杀气腾腾的官兵。而自己心中期盼的赵虎被绑在马上，低着头，一动不动。再看张豹的首级已经被官兵用刀挑着，血肉模糊。

刘康一看希望破灭了，瞬间扑倒在地，大声喊叫。众将士一看，正想一拥而上，争着想要擒拿刘康。曹操却摆了摆手，众将士急忙停下来。刘康失魂落魄，用哀求的眼光看着曹操，希望曹操能够放过他。

可是，曹操拍着马来到刘康的面前，大声地呵斥道："大胆济南王刘康，你竟然敢制造阴谋造反。幸亏朝廷早已知晓，派我前来盯着你，等待时机讨伐你。而如今，你阴谋败露，兵败被俘，你还有什么话好说！就算今天我放过你，他日你见了皇帝，有什么颜面？"

曹操越说，言辞越激烈，且听起来让人无地自容，恨不得立刻去死。这就是曹操的激将法。他认为，不管怎么说，刘康乃是一位皇室宗亲，有名的藩王，若是将他押回朝廷，难免皇帝不会生出恻隐之心。到时候，表面上说要惩罚他，却只是削去爵位敷衍了事，那曹操就成了他的仇人。不管怎么说，刘康也是一位皇室宗亲，哪天翻了身，一定会找曹操的麻烦。倒不如当场就处死他。

可是，他若是当场处死了刘康，皇帝一定会怪罪他。而且，刘康一家势力很大，勾结的势力也不少，万一哪天再找他报仇，就麻烦了。而且，刘康并没有抵抗，如果执意杀死了他，反倒是落下了嗜杀的罪名。

曹操特意说了那么一段听起来大义凛然的话，其实就是为了逼刘康自杀。这样一来，皇帝怨不着自己，又除了一个心头大患，一举两得。

刘康根本听不出这段话背后的意思，反而仰天长叹，自觉无颜面对朝廷，便说道："老天不保佑我，让我落得如此下场，我有什么脸面见地下的列祖列宗！"说罢，他拔出腰间的宝剑，当场自刎。其实，济南王刘康本应知足，好好的藩王不当，非要觊觎皇位，这才落得这个下场。

曹操这招以退为进，实在是有效地避免了矛盾，让自己轻易地摆脱了斩杀皇室宗亲的罪名，一举两得。

汉高祖刘邦的谋士张良也用过这样的策略，在国家的根基稳定之后，及时隐退，这代表了他们的一种人生哲学。

奸险诈伪，斩杀王垕稳定军心

曹操的目的性很强，认准一件事一定会不择手段地达到。他这一性格从少年时期就显露出来，不惜牺牲别人的利益和生命，从这点来看，也能体现他的强势性格。

当初，江东的孙策为了壮大自己的势力，曾将传国玉玺抵押给袁术，借了三千精兵开拓疆土。然而，袁术得到了传国玉玺，自然是激发了他称帝的野心。

建安二年（公元197年），袁术在寿春称帝。曹操闻听勃然大怒，遂"挟天子以令不臣"，出兵讨伐袁术。曹操亲自率领十七万兵马去讨伐，袁术不敌曹军，被围困于寿春城中。袁术仗着城厚壕深，粮多兵锐，紧闭城门，拒不应战，想用拖延之计把曹操拖垮。

十七万将士，每日的粮草就要消耗一大部分，在寿春城外久攻不下，又是劳师远征，再赶上了连年干旱。老百姓也因为军阀常年征战，无法正常耕种，粮食的产量十分有限，征粮十分困难。曹操在城外坚持了一个多月，无奈之下，只好写信向孙策借粮，虽然借来了十万斛的粮米，但对于十七万大军来说，也是杯水车薪，很难满足军队的需求。

但是，寿春城中的粮草却足足可以支撑一年半载。从长远角度来说，曹军此时不占优势，从许县调粮也是远水解不了近渴。这时，粮秣官王垕来到曹操帐中禀报："曹丞相，如今兵多粮少，眼看已经无米下锅了，我们该怎么办啊？"曹操望着粮秣官王垕，心生一计。

他神秘地小声对王垕说："可以将大斛换成小斛分发军粮啊，就当救急之策吧，这也是没有办法的办法。"王垕连忙说："这样的话，士兵们会埋怨的，搞不好会出乱子的。恐怕到时候不好收场，还请丞相三思。"曹操坚决地说："你只管按我的吩咐去办，其他的事我自有办法。"

王垕听从曹操的命令，等到煮饭的时间，他按照曹操的命令，改用小斛分发军粮，果然，军营里将士们纷纷抱怨。曹操则趁机派人到各营寨去探听风声，果然，其他营寨也对此做法怨声载道。

又过了几天，士兵们的怨气越来越大，看这形势，眼看就要哗变了。这时，曹操将王垕传唤到帐中，对他说："我想向将军借一件东西，以平息众将士的怒气，请你千万不要舍不得呀。"

王垕说："丞相想借什么呢？我一定尽力而为。"

曹操微笑着说："我想借你的人头示众，以平众怒。"

王垕听罢，吓得立刻趴在地上，冤枉地说："丞相，我完全是按照您的命令行事，您怎么能把我杀了呢？"

曹操无奈地说："我知道你没有罪，可眼下这种情形，不杀了你，军心很难稳定。你放心吧，我会将你的老婆孩子照顾好，你不必多虑了。"

说罢，不等王垕再说什么，曹操早就喊来部下把王垕推出帐外一刀斩了。然后，把王垕的人头悬挂在高杆上面，并贴出告示，通告全军："王垕故意用小斛散发粮米，盗窃官粮，谨按军法，斩头示众。"

众将士一看，原来是有人克扣了自己的口粮，而且已经被军法处置了，自然怨气就消了。曹操又趁机让军士们吃了一顿饱餐，告诉将士们粮草尚足。随即下令攻打敌军，士兵们吃了一顿饱饭，心情大好，状态十足，一鼓作气打败了敌军，还从敌军手中夺来了大量的粮草，度过了粮草危机。

曹操用粮秣官王垕代替自己安抚士气，平息了众怒，安然地度过了粮草危机。这是一招让替罪羊抵罪的招数。在他的眼里，粮秣官王垕的死是可以解释的，这是战争的需要，这是该牺牲的时候，当即立断。

曹操作为全军统帅，自然以军事胜利为主，以一人性命而换取整个军队的稳定，这也不失为权宜之计，至少还是扭转了局面。可是，这样残忍的做法只有心狠毒辣之人才能够想得到。而曹操既然能运用此计谋，正是印证了他奸诈的一面。从这个故事可以看出，曹操虽然智谋过人，心胸开阔，却也是奸诈之辈，心性残忍无情。

高高在上，杀人成瘾树立威严

曹操早期求贤若渴，对有才智的人而言，只要能拉拢的，他肯定要极力拉拢。这种广纳天下贤士的做法，让他的名声大振，不少名人贤士都纷纷聚集到他的帐下。可是，这些名人贤士都有自己的想法，如何才能让他们乖乖地为自己所用呢？

刚开始，曹操征战沙场还能听取良善之言，但是到了后期，曹操就变得喜怒无常，还胡乱杀人，根本听不进谋士和忠臣的建议和批评，也没了早期的大气度量，只想着一味地树立自己的威严。

曹操身边著名的谋士荀彧反对曹操做魏王，认为曹操此时还没真正统一天下，不能让政敌们抓住把柄。可是，这位曹操手下的第一号谋士，正是因为此事被曹操怀恨在心。后来，曹操特意赠送了一个食盒给荀彧，荀彧打开盒子一看，里面什么也没有，自然就明白了。曹操这是告诉自己一无是处，于是，他服毒自杀了。

荀彧为曹操立下过开创基业之功，若不是他屡次出谋划策，曹操不可能这么快地崛起。况且，荀彧此议是为了曹操着想，希望曹操能够退一步做打算。可是，这条建议却让曹操发怒了，这充分地说明了，曹操此时心高气傲，已经容不得别人冒犯他的权威了。

崔琰是一位辅佐了曹操十几年的人才，他帮助曹操选拔"文武群才"，因他本人享有很高的声誉，史称崔琰"清忠高亮"，说他"量才录用"，而且从不讲情面。

后来，曹操听说他"傲世怨谤"，便把他杀了。这根本不是因为别人说了他的坏话，而是曹操容不得别人享有很高的威望和声誉。所以，他只是借故把他处置了而已。

曹操处置了崔琰之后，又牵扯出了毛玠。崔琰死后，尚书仆射毛玠曾因感叹崔琰"无辜"冤死被人告密。幸好其他官员为毛玠求情，曹操也酌情没有杀掉他，而是将他罢官回家养老去了。可以说，毛玠还算得到了善始善终的结局。

娄子伯也是一名颇有声望的谋士，曹操早年常常感叹说："子伯出的计谋，我可比不上啊！"连曹操都自叹不如的娄子伯，怎么会安然无恙呢？随着曹操的声望日渐升高，他逐渐感觉到娄子伯威胁到了他的权威，便下令把他杀了。也就是说，只要是有谁超过了曹操的威望，曹操就会毫不留情地把他杀掉。

杨修非常聪明，经常能将曹操的心思猜个八九不离十。曹操怎么可能留着这样的人呢？于是，曹操便以扰乱军心的罪名处死了他。

这只是曹操在军事上的做派，任何威胁到他利益的人，他都要一个不留地杀掉。而在生活中，他也是如此毫不留情。

有一天，他中午睡觉，告诉他的宠姬，一会儿就叫醒他。结果时间到了，宠姬看他睡得正香呢，没忍心叫醒他，让他多睡了一会儿。谁知道，曹操醒来后，勃然大怒，不由分说地将她乱棍打死了。而曹植的妻子因违反了他的家规，穿着一身锦绣华丽的衣服就被赐死了。可见，他在生活中杀人不眨眼的性格也体现得淋漓尽致。

作为一个领导者，曹操很懂得和蔼可亲和威严有加。在士兵眼里，他是一个说一不二，当机立断，心胸豁达的人物，他会利用权威来下达命令和分派任务。又会在发现了问题后果断解决，从而树立了自己的威严。

曹操知道自己的身份需要时常树立威严，因此，他平时总是给人一种威严的感觉，而且还要刻意去维护这种威严。这也就说明了，他为何要杀掉那些威胁到他威严的能人志士。

联盟结义，为达目的亦敌亦友

兵不厌诈，自古沙场征战，只有对手，没有朋友。但是在战争中，若能笼络到更多的势力，势必会对自己的发展助一臂之力。不过，这种联盟非常不稳固，可以说，很容易有变动。他们联盟结义只有一个理由，那就是利益。联盟能不能增强自己的势力，能不能获得更大的利益，是唯一的标准。

是敌是友完全从自身出发，若是对方热情相待，那么一定是你有可利用之处；但如果你对他没有用处了，他会毫不犹豫地斩断关系，甚至会集结势力打败你。

曹操在这方面就表现得非常明显。他和刘备是同龄人，他有统一天下的心胸，刘备也有匡扶汉室的意愿。两个人共同夺天下，相持几十年的较量，可以说是亦敌亦友。

最开始，刘备是曹操的下属。曹操念他政治才能突出，有远大的政治抱负，有广泛的号召力，一直留他在军中。有人看出了刘备未来将成为曹操的威胁，劝他杀掉刘备。可是，曹操考虑到留着刘备对招揽人才有吸引力，一直没有杀掉他。

当年曹操东征徐州的时候，刘备曾与青州刺史田楷一起前往救援，被陶谦表为豫州刺史。陶谦死后，刘备又接任了徐州牧。

后来，占据淮南地区的袁术想要扩大地盘，对刘备轻易就获得了徐州这件事非常不满。袁术曾多次向刘备发起进攻。而曹操为了稳定自己的根据地兖州东部边境的局势，也是为了利用刘备来牵制袁术和吕布，便对已经背叛他的刘备进行了拉拢。按道理说，刘备背叛了曹操，曹操应该怀恨在心，可形势所迫，曹操只得先示好。

建安元年（公元196年），曹操表荐刘备为镇东将军，封宜城亭侯，借机瓦解了刘备的势力，想趁机将其融入到自己的军队中。汉献帝批准之后，曹操还特地写了《表糜竺领嬴郡》一文："泰山郡界广远，旧多轻悍。权时之宜，可分五县为嬴郡，拣选清廉以为守将。偏将军糜竺，素履忠贞，文武昭烈。请以竺领嬴郡太守，抚慰吏民。"

糜竺，字子仲，东海人，祖上经商，资产丰富。建安元年（公元196年），刘备被吕布打败，家眷被俘。糜竺不仅在人力、物力和财力上大力支持刘备，而且还将自己的妹妹嫁给了刘备，使刘备大受鼓励，重整人马。

曹操表荐糜竺为嬴郡太守，实则是为了拉拢糜竺。要知道，这嬴郡，是从泰山郡划出的嬴、武阳、南城、中牟和平阳五县。这么大的诱惑，很难有人可以抵得住。可是糜竺却拒绝了曹操的表荐好意，仍然选择跟着刘备。曹操还举荐了糜竺的弟弟糜芳去做彭城相。可是，糜芳却没有到任，这说明刘备在那时深得人心。

袁术多次出兵攻打刘备，后又勾结吕布，内外夹击打败了刘备。刘备失去安身之所，率部队投靠了曹操。

按道理来说，曹操因之前的种种纠葛不可能接受刘备。可是，军事战争就是这样，谁也不知道明天谁会和谁勾结联手。曹操宽宏大量，不仅没有追责刘备之前的做法。而且还对刘备加以厚待，表荐他为豫州牧，还帮助他补充兵员，调拨军粮，助他驻屯小沛攻击吕布。就这样，两位争夺天下的英雄豪杰在此刻又因利益结成了同盟。这种结盟其实是非常不可靠的，刘备胸怀大志，势必会脱离曹操。自然，曹操也知道这一点，而且，刘备会成为曹操未来最大的威胁。可是，此时的曹操还在发展阶段，吕布也是他的威胁。也就是说，吕布现在是自己和刘备共同的敌人，何不借助刘备之手除掉吕布呢？正是出于这样的考虑，才对刘备这样有影响力的人加以厚待，使众多人才集聚而来。

建安四年（公元199年），袁术打算从下邳北上青州，曹操闻讯准备派兵阻截。刘备为伺机摆脱曹操的控制，主动请求承担这一项任务，曹操便派朱灵等人同他一起出兵。

刘备刚刚率兵离开许都，程昱、荀彧等人得知刘备离开，惊慌不已，连忙跑来劝阻曹操。程昱说道："之前让您杀掉刘备，您考虑到他的影响力和才能，不肯动手。如今，把兵权交给刘备，他势必会生出二心。您可千万别把刘备放走啊！以后会后悔的！"

董昭也着急地说："刘备胸怀远志，又有关羽、张飞帮他，将来必定会与您争夺天下！"

曹操听了众谋士的话，后悔不已，连忙派兵去追。结果，刘备早已走远，追也追不上，况且有令在先，不便作更改，只好作罢了。

刘备抵达下邳，袁术逃回寿春，不久就病死了。曹操趁机命刘备率军回许都。刘备早已做好了脱离曹操的准备，就让朱灵等人先返回许都，目的是为了减少身边曹军的力量，而朱灵等人并不知情，便离开了刘备。刘备趁机突然发起袭击，杀死了徐州刺史车胄，公开背叛了曹操。

刘备高举讨伐逆贼曹操的大旗，一呼百应，归附曹操的昌豨也趁机脱离了曹操。平日里，曹操没有恩泽百姓，不少郡县也借机脱离了曹操，归附刘备，使得刘备的军队猛增了几万人。刘备派孙乾前往冀州，联手袁绍，抵抗曹操。刘备和曹操原本是良好的依附关系，立刻就转化为了不共戴天的敌人。

战争年代，亦敌亦友是最正常不过的策略。为了达到最终的目的，没有永远的敌人，也没有永远的朋友，只有永远的利益。曹操能够在特定的环境下对刘备采取不同的态度，就证明了他十分清楚这一点。曹操当初听从郭嘉的建议，没有立刻除掉刘备，从而壮大了自己的势力，树立了自己爱惜人才，广纳英雄的形象。而他多次表荐刘备出任官职，有效地利用了刘备的力量对付吕布，而在与吕布的战斗中，因大量消耗兵力，从客观上又遏制了刘备的势力。当吕布被擒杀之后，曹操将刘备带回了许都，是为了更好地控制刘备。

然而，他一不留神放走了刘备，后悔不已。他很快从中清醒过来，迅速采取行动，体现了他的果断机智。当袁绍与刘备联手时，能够迅速认清现实，找到突破口，利用袁绍善谋难断、举棋不定的性格和刘备当时的错误估计，放松戒备的机会，果断出击打败了刘备。此做法不仅让自己化险为夷，而且还进一步巩固了自己在徐州的地位。一箭双雕的做法，为官渡之战的胜利创造了有利的条件。

由此可见，战争时代的结盟与攻击都是出于对自身利益的考虑，而这样的关系也是相当不稳定的。曹操一生的戎马生涯中，时常经历这样的盟友求和与叛变，包括与吕布、袁绍、袁术、张绣等人的分分合合。或许，正是这样清醒的利益关系，造就了他疑心重的心理。而他的宗旨就是，一切以自身利益为主，不放过任何利益。

能屈能伸，三国争霸大丈夫

从古至今，没有谁能够永远处于顶峰，也没有人永远处在低谷。俗语"风水轮流转"讲的就是这个道理。所以，不管是多么有成就的人，也不能总是趾高气昂，高高在上。因为，每个人都会有低谷屈身的时候。《扬雄传》中说道："君子得时则大行，不得时则龙蛇。"这句话所表达的意思也是说，一个有本事的人应该具备能屈能伸的本领。

能屈是为了未来更好地伸，为了积累更多的能量。有的人屈是因荣辱成败的屈身，有些人却是为了名利。不同的屈身有不同的意义，暂时的委曲求全，也可能是为了自己的事业采取的退隐策略。

当年，董卓肆虐残暴，各路诸侯讨伐董卓，曹操虽起兵征讨，却没有自己的根据地。他没有因此而自卑，反而心态平和地屈身于陈留太守张邈的身边，在经济方面也靠张邈的接济。张邈接济曹操，必定会给其相应的限制，曹操为了能够积蓄自己的力量，也主动接受他的各种限制。

不久，曹操随着张邈来到酸枣战场前线，代理奋武将军，伺机积蓄自己的实力。曹操前往酸枣途经中牟，中牟县主簿任峻率众前来投附于他。

曹操非常高兴，赶紧任命他为骑都尉，为了巩固这段关系，他还将自己的堂妹嫁给了他。

骑都尉鲍信是一个非常有见识的人。董卓初到洛阳时，鲍信就劝过袁绍："董卓拥兵自重，心怀篡逆之心，要是不早点想办法对付他，朝政迟早会被他控制。我们应当趁他刚刚来到这里，兵队疲劳之际，发兵袭击，可一举将其擒获。"奈何袁绍忌惮董卓，不敢轻易发兵。鲍信见袁绍如此优柔寡断，不能成事，便回到家乡泰山，自己招募了千余步兵。当得知曹操起兵讨伐董卓时，鲍信和他的弟弟鲍韬赶紧起兵响应，赶往酸枣前线，投附曹操。曹操与袁绍推荐鲍信为破虏将军，鲍韬为裨将军。

虽然当时袁绍的势力最大，而曹操只是其手下一干将，但是曹操为了成就心中的伟大宏图，甘心做一个小卒。这时，只有鲍信对曹操说："这世上有谋略又能够统领众将拨乱反正的，恐怕只有您一个人了。那些刚愎自用的人，仅是现在一时强大，最终也会以失败告终的。"曹操很感激鲍信的激励，也一直视他为知己。

不过，虽然曹操屈身于比他势力强的人，但他从来不投机取巧，背信弃义。他对自己的首领也是非常尽心尽力的，勇于承担自己的责任，与其共同支撑危机。但凡成大事者，总有一天要独立，也不能一味地屈就。

所以，当曹操在汴水被打败，兵散旗倒时，他开始重新招募兵员，建立自己的武装队伍。而这一次，他不是要回酸枣受人限制，而是直渡黄河，赶到河内，与驻扎在那里的联盟军，也是他的好朋友袁绍碰头，希望能够说服袁绍出兵。可他与袁绍在很多问题上见解都不太一致，甚至是针锋相对。从那时起，曹操与袁绍的矛盾就开始日益显露出来。到后来，两人各自发展自己的个人势力，两人之间的关系更是若即若离。

而到曹操奉迎了汉献帝，官职压倒袁绍，但鉴于实力有限，他仍然没有与袁绍闹翻。直到建安四年（公元199年）的官渡之战，双方终于迎来了正面冲突。

在曹操的眼中，只要能达到目的，没有什么是不能做的，哪怕屈身于自己的敌人，只要能换来最后的胜利，也是值得的。

第十一章
英雄一世，千古功过各分说

宽宏大量，得饶人处且饶人

中国有句俗话："宰相肚里能撑船。"自古以来成功的领导者都具有广阔的胸襟，那是智慧的体现，成功需要谋略，但更需要容人的度量，有谋略但心胸狭窄，必是凶残之人，但是空有胸怀没有头脑，必是一介匹夫，很难有所建树。

曹操是一个有头脑而且有广阔胸襟的人，他是一个成功的政治家。曹操一生虽然狡诈多疑，但在选贤与用能方面却能不计前嫌，既往不咎，他宽厚待人，不翻旧账，因而部下没有不为他拼死卖命的，其中不乏原属敌军的一些将领，大家团结一致，组成了以曹操为首的强势集团，军事政治实力相当雄厚。

有一次，在攻打袁绍并拿下城池后，从袁绍的书籍案卷中搜出一批书信，里面尽是曹营中的人写给袁绍的私下通好书信，当时有人提议彻查此事，把牵涉其中的人都抓起来严刑拷打或者杀掉，但是曹操却说："当袁绍强大的时候，我自己都差点无法自保，更何况其他的人呢。"于是下令把密信烧毁，不许旁人追查此事。大家对其无比佩服，那些私通袁绍的人也感恩戴德，死心塌地地为他效命，军队军心稳定，一团和气。

有人会问，曹操这样一个阴险狡诈的人为何不把这些通敌的人一网打尽而是如此宽宏大量呢？这大概可能有两方面原因吧：一是怕牵连甚广，会连累重用之人。曹操已然看过书信，谁通敌卖主已了然于心，只要以后加以防备，谨慎用人，还会为他所用，况且这些人原因不同，不能一概而论，罪责有轻有重，如果都加以严惩，必然株连甚广，造成内部混乱，扰乱军心；二是当时正是群雄并起，天下未定之时，曹操阵营正是用人之际，他烧毁了这些书信代表他不再追究此事，原谅了通敌之人，那么，本来战战兢兢的人势必会对他感激涕零，更加死心塌地追随他。

张绣是张济的侄子，他因镇压过黄巾军暴乱而在当地小有名气，后来投靠叔叔张济，参加了对吕布的战争，因军功卓著被升为建忠将军，封宣威侯，在张济死后接替了他的位置，驻扎南阳，与刘表结盟，曹操把汉献帝接到许都后，开始南征张绣，大军兵临宛城城下时，张绣自知不是对手，于是投降曹操，本来相处得比较融洽，哪知曹操色心又起，看上了张绣的小婶，并纳为妾室，张绣又气又羞，感觉受到了极大的侮辱，于是反叛，并对曹操发起突袭，事发突然，正在享乐的曹操猝不及防，大败而逃。

在这场战斗中，其长子曹昂，侄子曹安民被杀，曹操本人也中了流矢，险些丧命，此时张绣与刘表结盟，曹操攻打了几年，各有胜负，久攻不下，后来曹操要去攻打更强大的敌人袁绍，在官渡之战前夕，曹操、袁绍阵营都想拉拢张绣部为其效命，张绣的谋臣贾诩分析道："当今曹操势力不如袁绍，如果投靠曹操必然会受到重视，在他需要帮助的时候拉他一把，他会记着你的恩情，以前的恩怨也可消除。"张绣觉得很有道理，于是再次投降曹操，曹操听说张绣来投靠，异常欢喜，他为张绣加官晋爵，拜张绣为扬武将军，并且让自己的儿子曹均娶了张绣的女儿，两家由冤家变成了亲家。

后来的官渡之战中，张绣不负重望，为曹操立下汗马功劳，打完袁绍又助其打了袁谭，曹操对他更加赞赏，封赏十分大方，他的封地和赏赐比其他将领都多，在将袁氏赶尽杀绝之后又出征乌桓，继续追剿袁尚。对于张绣的谋士贾诩，一个曾经策划杀害自己的人，曹操也不计前嫌，热情款待，还曾亲自迎接，拉着他的手对他说："以前的种种只是小过失，先生不必记在心上。"后来，贾诩还成为了曹操阵营重要的谋臣，为以后曹军的开疆拓土，横扫千军立下了大功。

曹操对于那些反对自己甚至是辱骂自己祖宗的人，也十分宽容，只要有真才实学，可以为他所用，愿意为他效命的人，他一概既往不咎。

陈琳是袁绍麾下的谋士，在官渡之战前夕，陈琳为袁绍起草了一份讨伐曹操的檄文，里面尽数曹操的种种"恶行"，当然其中也不免有真有假，让人难以分辨，有一条说到曹操的祖父曹腾是宦官，父亲曹嵩是领养的，曹操是"赘阉遗丑"，对曹操进行了侮辱性的人身攻击，揭露了曹操不愿提及的身世的老底，是正常人都会气得咬牙切齿。而曹操在打败袁绍并且抓到陈琳后并没有杀之以泄心头之恨，而是只责备了陈琳几句："你过去为袁绍写檄文讨伐我，骂我也就算了，怎么还牵扯出我的祖父、父亲呢？他们又没有得罪你。"陈琳赶紧叩头谢罪，说当时两军交战，各为其主，箭在弦上不得不发，是不得已而为之。希望丞相不要怪罪。曹操付之一笑，觉得他是个人才，不但没有杀他，反而对他加以重用，任命他为司空军谋祭酒。

对于自己的部下，曹操也宽容以待，当时夏侯惇、李典进攻新野的时候，胸有成竹地立下军令状，但后来战事有变，把仗打输了，回来领受军法时，曹操却说胜败乃兵家常事，况且你们已经尽力了。并没有处罚他俩。

由此可见，曹操爱惜人才，不计前嫌，"得饶人处且饶人"，为了一统天下的雄心，放弃个人恩怨，不念他人旧恶，宽宏大量，正所谓"宰相肚里能撑船"。

义送云长，疾驰率众赠锦袍

曹操一生虽诡谲多变，落得个"奸雄"的名声。其实，他统兵打仗数十年间，言而有信，重情重义也是众所周知的。

当年，刘备与曹操在徐州一战，刘备败北，与关羽和张飞走散，独自投奔了占据河北的袁绍。而曹操又用计夺取了徐州的下邳，把关羽围困在一座山上，希望让与关羽有过一面之交的张辽前去劝降。

关羽迫于形势，表示愿意归降，只是要满足他三个条件才行。第一是只承认自己投降的是汉献帝而不是曹操；第二是刘备的两位夫人必须得到奉养和尊重；第三是一旦知道刘备的下落，立刻投奔。他反复强调，这三个条件缺一不可。而曹操非常器重关羽的才能，爱才心切，答应了关羽的全部要求，还以汉献帝的名义任命关羽为偏将军。

而后，曹操与袁绍交战，作为偏将军的关羽在曹军严重受挫的情况下，斩杀了袁绍的大将颜良，为曹操解围，立下大功。后被曹操上表奏请朝廷，封关羽为汉寿亭侯，且专门铸了一枚大印送给关羽。

而后在曹营期间，关羽又斩杀了袁绍的另外一名大将文丑。而正是在这次交战过程中，刘备得知关羽在曹营，关羽也终于知道刘备在袁绍那里。当关羽收到袁绍部下送来的刘备亲笔信，他立刻写了回信。关羽把刘备的消息告诉了两位嫂夫人之后，就准备向曹操告辞。当曹操了解了他的来意之后，故意避而不见。

关羽一连去了好几趟，曹操都借故不见。于是，他想让张辽传话给丞相，张辽知道此中缘由，也故意推托说有病不见。关羽清楚他们的用意，便写了一封信给曹操，然后把历次收到的金银都封存起来，然后把汉寿亭侯的大印悬挂在大堂上，让以前的部将护送着两位嫂夫人，自己向官道出发，投奔刘备去了。

曹操知道关羽去意已决，实在不便多说什么，只是心中不胜感叹。他的谋士程昱谏道："丞相待云长不薄，如今他竟不辞而别，冒犯了丞相的君威，罪不可恕。如果纵容他投靠了袁绍，袁绍势必如虎添翼。不如我们趁他还没走远，派兵追上他，以绝后患。"曹操却坚决地反对："万万不可，是我有诺在先，允许他一有刘备的消息就可以离我而去的。怎么能失信于人呢？"

最终，曹操决定给关羽送行，于是急忙率兵追赶，终于赶上了关羽。关羽见众兵手中都没有武器，便知道曹操是为自己来送行，心中感激不已。

曹操惋惜地说："云长为什么走得这么急啊？"

关羽急忙马上欠身回答："关某与丞相有约在先。今已知我大哥在河北，我必须前去。前几日多次去相府拜会，不曾谋面。我也是迫不得已才不辞而别的。"

曹操笑着说："既然答应了英雄，我又怎么会言而无信呢？不过，怕将军在途中钱财不够，特意送来一盘黄金。"

关羽拒不接受，曹操便大笑着，令随从下马，双手捧袍走向关羽，说道："云长是天下义士，我福薄，留不住你，深感遗憾。现送你一件锦袍略表心意吧。"

可是，关羽只恐有诈，不敢下马。他用青龙刀挑着锦袍披在身上，然后对曹操道谢："承蒙丞相赐袍，他日再会！"

不等曹操再说什么，关羽迅速向北疾驰而去，恐怕曹操使诈。大将许褚说道："关羽对丞相实在太无礼了！不如把他抓回来杀了！"曹操却大度地说："我们人多势众，他单枪匹马，自然会心生怀疑。我既然答应他去找刘备，我就一定遵守我的诺言。"

曹操身为丞相，对自己说过的话言而有信，这关系到统领三军将士的诚信。如果他都言而无信，那么将士们必定心生怀疑。曹操很清楚，关羽是忠义之士，心中肯定不愿意欠别人人情，若是将来有求于他，他一定会找机会报答这个人情的。

曹操虽然与关羽在战场上的立场是对立的，但是两个人的情义却可以称得上一对患难知己。曹操施恩于关羽时，关羽正落魄逃亡，空有一身武艺无处施展。曹操落得了一个施恩不图报的名义。《三国演义》有"关云长义释曹操"的回目，里面说的是，赤壁之战后，曹操败走华容道，被关羽堵住，而关羽因之前的交情，有意放了曹操和他下属一命，可以说就是为了报答他当初的恩情。

拿捏得当，懂得适当收放权

一个人能力再强，他的精力也是有限的。所以当一位领导者、掌舵者，不必任何事都亲力亲为。而这就要求在用人方面，能够学会选用合适的人，学会适当放权授权。尤其是处于高层的领导，主要职责不该是做事，而应该是成事，要让更多的人复制自己的经验，成为自己的分身。

让权力的行使者有灵活性，这是高层领导人应该赋予下属的权力。特别是对那些远离指挥中心、独当一面的负责人，更应该采用授权这一手段。"将在外，君命有所不受"说的就是这个意思。

有能力的领导者都善于授权。但是，授权不是交权那么简单。交权就没有控制力了。曹操对这一点非常清楚，而且拿捏得非常准确。

建安二十年（公元 215 年），曹操去汉中讨伐张鲁，经过陈仓（今陕西宝鸡）时，因形势所迫，没有直接南下汉中，而是先向西兵出散关，又于五月击破河池（今甘肃徽县）的氐王窦茂、凉州的造反者首领韩遂。然后，再转过头来，大军压境汉中攻打张鲁。

张鲁自然是知道曹操一生善于招降纳叛，兴许他投降的话，不仅不会被惩罚，反而会给他升官。因此，张鲁早就有了投降的打算。但是，他的弟弟张卫却坚决反对。张鲁拗不过张卫，只好让张卫前去抵抗。

张卫选择阳平关作为防御阵地，很好地守护了自己的地盘，曹军竟然一连攻击了三天仍然没有突破。后来，曹操的前锋部队不小心走错了路，正好误入了张卫的军营里。曹军的一个中级军官为了让自己零散的部队集合起来，以免在敌人的营地中走散，便大擂战鼓，吹起了号角。结果，张卫的军队以为曹操大军压境，一下子引起了大恐慌。曹操乘机进攻，结果张卫大败。

张鲁听说张卫失败了，即想出来投降。他的部下阎圃劝他不要如此心急，若是此时投降，反而会被曹操看不起。部下阎圃建议张鲁，还不如做出一副抗拒到底的态度，待到曹操派人来讲和时，再谈一些和平解决的条件。

果不其然，曹操真的派人来讲和，并答应他的一些条件。张鲁投降后被拜为镇南将军，仍然拥有统领军队的权力，并被封为阆中侯，食邑一万户。而张鲁的五个儿子与阎圃，也都被封为列侯。曹操适当地对张鲁、张卫放权，很好地赢得了对方的衷心，也彰显了自己的大度情怀。

张鲁投降后，被安排与夏侯渊一起镇守汉中，这对刘备很不利。刘备亲自率领精兵前来争夺汉中。这一战，刘备的大将黄忠在定军山杀掉了夏侯渊。刘备军队备受鼓舞，而曹军将士则陷入了恐慌。

此时，夏侯渊的部下司马郭淮建议说："张郃将军是魏国有名的大将军，就连刘备都怕他三分。应推张郃将军为主帅，安定前方战事。"

张郃，曾经是袁绍手下一名大将，官渡之战期间，他因受谗言诽谤和佞臣迫害，受不了屈辱，临阵投奔了曹操。曹操任用贤人不问出处，任命张郃为偏将军，封都亭侯。后随曹操南征北战，屡建奇功，深得曹操的器重。

然而，即便是这样的一员大将，曹操远在长安也不放心。他担心张郃手握大权之后会做出什么叛乱的事情。但是，如果此时拒绝大家的建议，明显就是顾虑张郃反叛，反而显得自己小家子气。很快，曹操就冷静下来，立即采取了紧急措施，他先是派人去汉中前线，正式批准了对张郃的任命，而且授予了他生杀大权。然后立刻宣布自己也要亲自到汉中去，安排下一步的军事行动。

曹操的高明之处在于，他知道当大家拥戴张郃时，这个大帅的位置非张郃莫属，只有他能稳定当下的局面，而且统帅夏侯渊被斩杀，全军士气受挫，正处于进退两难的地步，需要一个人站出来做决定。曹操一来让张郃上任，鼓舞了大家的士气，二来自己亲自到前线，为众将士做决定，稳住了大家。实际上，曹操也从侧面压制了张郃的势力，使他无法轻举妄动。对于权力的收放予夺，可以说曹操已经掌握得炉火纯青。

以身垂范，老骥伏枥志千里

曹操，一个乱世枭雄，戎马一生，在疆场上叱咤风云数十载，朝廷内外没有不知晓其威名的，可谓功成名就，但是他依然严于律己，以身作则，有错必纠。

曹操不仅在军旅中治军严谨，在生活中也是节俭自律，他一生俭朴，不好奢华，吃穿从不讲究，而且要求家人也这样做。

他在《内诫令》中说："孤不好鲜饰严具。"大意是：我不喜好装饰华丽显眼的用具。据说曹操的行李箱就是以竹子为原料，用粗布缝的里子，他就是拎着这么个简陋寒酸的破箱子上前线的。在他家里，每顿餐食不过"一肉"，就是一个荤菜，甚至亲戚朋友来做客也不过如此。

他的衣服也都是缝缝补补，有的甚至穿了十几年，破了就拆洗缝补一下，他在《内诫令》中告诫家人和下属说："你们穿的衣服、丝织的鞋子不准用朱红、紫、金黄等颜色，我以前在江陵得到的各种花色的丝鞋你们只有在特殊场合才能穿，如果穿破了就不要再模仿着制作了。"因为当时朱红色、紫色、金黄等几种颜色代表着尊贵，曹操为人低调，不喜张扬，所以不喜欢家人随便使用。

他铺盖的被褥没有刺绣花饰，只要暖和舒适就可以，他用的帐帷屏风破了也是缝补之后继续使用，从不轻易更换。甚至后来在病榻上的弥留之际还嘱咐家人不要效仿古代丧葬制度，那样太奢华，死后穿戴就像活着的时候一样，不必另做新衣，文武百官前来吊唁，不必太过铺张，驻防将士不要因为奔丧离开岗位，陪葬不用金玉珍品。

在他的《内诫令》还曾说道："昔天下初定，吾便禁家内不得熏香。"因为当时熏香是很流行的事情，达官贵人都喜爱熏香，以曹操当时的地位和实力完全用得起熏香，但是他只有在需要去除异味，清新空气时才允许家人适量使用，他的女儿后来嫁给了汉献帝，按照皇家礼制规格，才得以每日熏香，曹操还因此感叹"恨不遂初禁"，对不能执行当初的禁香令感到遗憾。

曹操提倡节俭，都是从家人和自己身上开始，他的三个女儿嫁给汉献帝，这在当时算得上是一件大事，但曹操对婚嫁事宜奢靡之风深恶痛绝，就连自己女儿出嫁时用的帷帐都是黑色的，随从和婢女更是寥寥无几少得可怜，据说婢女人数不过十人。

当时连年战乱，前方战事吃紧，军饷粮草战马等严重不足，曹操的《军策令》中提到，当时和袁绍激烈交战，袁绍有优质铠甲一万副，而他的军队只有数十副，袁绍有战马铠甲三百件，而他的军队不到十件。

曹操更是为了节约开支绞尽脑汁，例如他的《鼓吹令》就提到，他手下的乐团都是靠走路代替骑马的，而且还精简好多老弱无能之人，把滥竽充数者清除出去，就是为了能省出些粮草战马和军饷来供应前线。

所以我们也就很好理解当曹操夺取了袁绍的邺城之后，并不贪财的他看到厚厚的财政统计簿和人口户籍簿，为什么欢喜得合不拢嘴了。

曹操历来赏罚分明，从不囤积私产，所获之物尽数用来赏赐有功之臣，笼络人心，或是充当粮饷，以供前线之需。

纵观历史，曹操这个人物是很有争议的，有人说他是汉朝的奸臣，但是纵观他的一生，从洛阳小吏，到官至丞相，后封魏王，直至掌控整个汉室，真可谓"老骥伏枥，志在千里"。即使大权在握也没有取皇帝而代之，即使因衣带诏事件与皇帝撕破脸皮也没有坐上那一步之遥的王座，在死后才被继承者追封为帝，他一生兢兢业业，为东汉末年中国北方的统一，经济生产的恢复，社会稳定的维系作出了卓越的贡献，创立屯田制，命令不用打仗的士兵下田耕作，他文采卓越，诗作无数。有出众的军事才干，著有《孙子略解》《兵书节要》等军事著作。这是他对历史的积极作用；有人说他是忠臣，但挟天子以令诸侯，儿子曹丕篡位夺权，看似又是汉朝的奸佞。总之，不管忠奸，我相信在后人心中，他始终是一个英雄，一个了不起的人！

千秋功过，后人评品两分看

建安二十五年，即公元 220 年，正月二十三日，曹操于洛阳辞世，享年六十六岁，曹丕登基后追封其为魏武帝。曹操去世，千秋功过，只待后人评品，让我们来回顾一下曹操的一生。

曹操于桓帝永寿元年（公元 155 年）出生于沛国谯县，就是今天安徽北部的亳州市。他的祖父曹腾早年进宫做了宦官，经历了一系列宫廷变故，做到了侍郎的位置，后来收养了曹操的父亲曹嵩，曹氏一族当时是十分显赫的，曹操是曹嵩的长子，头脑灵活善于随机应变，喜欢游猎、赋诗、歌舞，精通骑术、剑法，他目睹了统治阶级的腐败，百姓颠沛流离的苦难，发愤图强，苦读兵书，坚信自己将来必有大用，他广交名流，礼贤下士，不断为自己积累人脉，他二十岁举孝廉，出任洛阳北部尉，从此正式踏入仕途，他雷厉风行，不畏权贵，积累了一定的声望。

公元 184 年，曹操被封为骑都尉，在颍州一带镇压了黄巾军起义。

公元 190 年初，参与讨伐董卓的战争，董卓死后，诸侯联军分崩离析，曹操独自发展自己的势力，南征北战，先是战胜了吕布、袁术，后于三郡乌桓彻底铲除了袁绍势力。并招降了张绣。基本统一了中原地区。

公元 208 年，被汉献帝封为丞相，于七月南征荆州刘表，十二月，赤壁之战失利，被迫撤军。

公元 211 年十月曹操北征杨秋，杨秋投降，围攻安定。

公元 213 年。五十九岁的曹操被封为魏公。

公元 215 年，曹操西征张鲁，剿灭氐王窦茂，十一月张鲁投降。

公元 216 年，曹操被封为魏王。

公元 219 年，汉水大战，曹操部大将夏侯渊被杀，于禁被擒，关羽水淹七军，围困曹仁。

公元 220 年，孙权杀关羽，献其首级于曹操，正月二十三日，曹操于洛阳去世，享年六十六岁，后其子曹丕代汉自立为魏文帝，追封曹操为武帝。

在历史的长空中，曹操是一颗闪亮的明星，他推动了历史的发展，促成了魏蜀吴三足鼎立的局面。公元220年，曹操的儿子曹丕废了汉献帝，自己坐上王座，史称魏文帝，占据蜀地的刘备得知后，亦在第二年称帝，以继汉室基业，身处东吴的孙权见状，不甘称臣，也于公元222年称了帝。东汉朝廷飘飘荡荡三十余年，最终在风雨中被瓜分，彻底瓦解，被三个国家分割。

在谁是正统的观点上，蜀汉王朝似乎最名正言顺，刘备是汉中山靖王刘胜之后，国号汉意味着是东汉的延续，又因为占据蜀地，所以其政权在历史上被称为"蜀汉"，蜀汉始于昭烈帝刘备，终于后主刘禅，共二主，四十三年。至此，汉朝彻底消失在历史的长河里。再说曹魏，曹丕并非刘氏，虽然有汉献帝筑坛禅让的仪式，可以堵悠悠众口，让人讨伐无名，但是毕竟属于改朝换代，在后世文人口中，是为窃取汉室江山之徒，甚为不齿。

但是从历史发展进程来看，每一个封建王朝都有从繁盛到衰落的过程，这是历史发展的必然结果，曹丕建立了魏，等到他的孙子曹髦被司马氏所杀，曹魏王朝被司马氏所推翻，继而建立了晋朝，司马氏对魏所做的正如当年曹氏对汉所做的，正如俗语所说："一报还一报，不是不报，时候未到。"再看东吴，孙权死后不久，东吴陷入内乱，不久被司马家族所灭。

纵观三国，基本上大多数情况是吴蜀联合以抗曹，每次联合必然胜利，分崩离析必然失败，如果一对一较量，吴、蜀都是占不到便宜的。

不管世人如何骂曹，曹操的胸怀都是不容小觑的，他治军严谨，广招贤士，爱惜人才，甚至对杀害子侄的张绣都能不计前嫌，委以重用。他自比周公，没有把个人恩怨掺杂到国家利益中去，比起张绣等人的降而复叛，不仁不义，曹操可能更喜欢他们的胆识和才干吧。如果要怪罪，就怪罪于自己一时贪恋美色，抢夺人婶吧。

曹操也许是历史上性格最复杂多变的人。他狡诈、多疑，犹记当年草船借箭，因看不清江面虚实，不敢轻易出动，只得命令弓箭手向对方射箭，导致十万支羽箭被诸葛亮骗走；他"宁教我负天下人，不教天下人负我"，在逃亡时受吕伯奢盛情款待，因听到门外有磨刀声以为要杀自己，于是杀吕伯奢一家，而实际上吕家是要杀猪款待自己，继续逃亡的路上又杀吕伯奢本人，恩将仇报，一错再错。

他霸占人婶，惹怒了张绣，使得张绣反叛，生灵涂炭，连自己的儿子和爱将也搭了进去；他聪明绝顶，有着雄心壮志，有理想有抱负，他生于乱世，凭借着杰出的政治才能与治军谋略东征西讨，扫荡群雄，统一了北方，实现了三分天下的霸业，赤壁之战后他训练水军，巩固自身势力，稳定北方局面，并设扬州郡县长史，开芍陂屯田。

他善于用人，麾下不乏能人异士，比如提出"挟天子以令诸侯"迁都许昌、官渡之战时静待敌变以求战机的荀彧，著名的谋士司马懿、杨修、徐庶。骁勇善战的夏侯惇、夏侯渊、于禁、张辽、张郃等，他爱惜人才，即使是对敌方将领关羽也是良驹宝马相赠，并赐以多金，以至于后来关羽斩颜良作为回报；他杀伐果断，军纪严明，对自作聪明扰乱军心的杨修严惩不贷；他博览群书，熟读兵法，不仅对战事有独特的见解，而且在诗词歌赋上也独具风骚，开创了"建安文学"。

在中国五千年的历史上，曹操是集枭雄与奸雄、君子与小人于一身的人物，后世对他褒贬不一，他的一生很难盖棺定论，他是一个伟大的政治家、诗人。他是大浪淘不尽的风流人物，他承上启下了封建王朝，上接东汉，下启晋朝，是历史上的重要人物。对于他的功与过，姑且留给后世评说。